HISTOIRE
DU RENOUVELLEMENT
DE
L'ACADEMIE
ROYALE DES SCIENCES
En M. DC. XCIX.

ET LES
ELOGES HISTORIQUES
de tous les Academiciens morts depuis ce Renouvellement :

AVEC UN DISCOURS PRELIMINAIRE Sur l'utilité des Mathematiques & de la Physique.

Par Monsieur DE FONTENELLE, *Secretaire perpetuel de l'Academie Royale des Sciences.*

A PARIS,

Chez La Veuve de JEAN BOUDOT, Imprimeur du Roy & de l'Academie Royale des Sciences :
ET
JEAN BOUDOT Fils, Imprimeur du Roy & de l'Academie Royale des Sciences, rue S. Jacques, au Soleil d'or.

M. DCC. VIII.
AVEC PRIVILEGE DU ROI.

LE LIBRAIRE au Lecteur.

DEPUIS que l'Academie Royale des Sciences a été renouvellée en 1699, elle a donné au Public un Volume pour chaque année, sous le titre d'*Histoire*, & ils sont déja au nombre de neuf. Comme ils sont remplis d'une infinité de choses trop savantes pour être à l'usage de toutes sortes de Lecteurs, plusieurs personnes ont souhaité que l'on en détachast ce qui pouvoit être à la portée de tout le monde, & n'apartenoit à aucune des Sciences dont l'Academie s'occupe. Rien n'est plus de ce genre que l'Histoire du Renouvellement de cette Academie en 1699, contenuë dans le premier Volume qui a paru; une Préface generale qui étoit à la tête de ce même Volume; & les Eloges historiques de tous les Academiciens morts depuis le renouvellement, tels qu'ils ont été imprimés dans les *Histoires* ſous differentes années. C'eſt-là ce qui compoſe le Recueil que l'on donne preſentement. Il ne ſera ſuivi d'un autre Recueil que quand il y aura aſſés d'Eloges nouveaux pour faire un ſecond Volume pareil à celui-ci.

TABLE DU CONTENU EN CE VOLUME.

TABLE.

PREFACE

PREFACE
SUR L'UTILITE' DES MATHEMATIQUES ET DE LA PHYSIQUE, ET SUR LES TRAVAUX DE L'ACADEMIE DES SCIENCES.

ON traite volontiers d'inutile ce qu'on ne ſçait point, c'eſt une eſpece de vengeance, & comme les Mathematiques & la Phyſique ſont aſſés generalement inconnuës, elles paſſent aſſés generalement pour inutiles. La ſource de leur malheur eſt manifeſte, elles ſont épineuſes, ſauvages & d'un accés difficile.

Nous avons une Lune pour nous éclairer pendant nos nuits ; que nous importe, dira-t-on, que Jupiter en ait quatre ? Pourquoy tant d'Obſervations ſi penibles, tant de calculs ſi fatiguans, pour connoître exactement leur cours ? nous n'en ſerons pas mieux éclairés, & la Nature qui a mis ces petits Aſtres hors de la portée de nos yeux, ne paroît pas les avoir faits pour nous. En vertu d'un raiſonnement ſi plauſible, on auroit dû negliger de les obſerver avec le Teleſcope, & de les étudier, & il eſt ſûr qu'on y eût beaucoup perdu. Pour peu qu'on entende les Principes de la Geographie, & de la Navigation, on ſçait que depuis que ces quatre Lunes de Jupiter ſont connuës, elles nous ont été plus utiles par rapport à ces Sciences que la nôtre elle-même, qu'elles ſervent & ſerviront toûjours de plus en plus à faire des Cartes marines incomparablement plus juſtes que les anciennes, & qui ſauveront apparemment la vie à une infinité de Navigateurs. N'y eût-il dans l'Aſtronomie d'autre utilité que celle qui ſe tire des Satellites de Jupiter, elle juſtifieroit ſuffiſamment ces calculs immenſes, ces obſervations ſi aſſiduës, & ſi ſcrupuleuſes, ce grand appareil d'inſtrumens travaillés avec tant de ſoin, ce Bâtiment ſuperbe uniquement élevé pour l'uſage de cette Science. Cependant le gros du monde, ou ne connoît point les Satellites de Jupiter, ſi ce n'eſt peut-être de réputation & fort confusément, ou ignore la liaison qu'ils ont avec la Navigation, ou ne sçait pas même qu'en ce siecle la Navigation soit devenuë plus parfaite.

Telle est la destinée des Sciences maniées par un petit nombre de personnes ; l'utilité de leurs progrés est invisible à la plûpart du monde, surtout si elles se renferment dans des professions peu éclatantes. Que l'on ait presentement une plus grande facilité de conduire des Rivieres, de tirer des Canaux, & d'établir des Navigations nouvelles, parce que l'on sçait sans comparaison mieux niveller un terrain, & faire des Ecluses, à quoy cela aboutit-il ? Des Maçons & des Mariniers ont été soulagés dans leur travail, eux-mêmes ne se sont pas apperçus de l'habileté du Geometre qui les conduisoit, ils ont été mus à peu prés comme le corps l'est par une Ame qu'il ne connoît point ; le reste du monde s'aperçoit encore moins du Genie qui a presidé à l'entreprise, & le Public ne joüit du succés qu'elle a eu, qu'avec une espece d'ingratitude.

L'Anatomie que l'on étudie depuis quelque temps avec tant de soin, n'a pû devenir plus exacte sans rendre la Chirurgie beaucoup plus sûre dans ses operations. Les Chirurgiens le sçavent, mais ceux qui profitent de leur Art n'en sçavent rien. Et comment le sçauroient-ils ? Il faudroit qu'ils comparassent l'ancienne Chirurgie avec la moderne. Ce seroit une grande étude, & qui ne leur convient pas. L'operation a réüssi, ç'en est assés, il n'importe guere de sçavoir si dans un autre siecle elle auroit réüssi de même.

Il est étonnant combien de choses sont devant nos yeux sans que nous les voyions. Les boutiques des Artisans brillent de tous côtés d'un esprit & d'une invention, qui cependant n'attirent point nos regards, il manque des Spectateurs à des Instrumens & à des Pratiques trés-utiles, & trés-ingenieusement imaginées, & rien ne seroit plus merveilleux, pour qui sçauroit en être étonné.

Si une Compagnie sçavante a contribué par ses lumieres à perfectionner la Geometrie, l'Anatomie, les Mechaniques, enfin quelqu'autre science utile, il ne faut pas prétendre que l'on aille rechercher cette source éloignée, pour luy ſçavoir gré, & pour luy faire honneur de l'utilité de ſes productions. Il ſera toûjours plus aiſé au Public de joüir des avantages qu'elle luy procurera, que de les connoître. La détermination des Longitudes par les Satellites, la découverte du Canal Thorachique, un Niveau plus commode & plus juſte, ne ſont pas des nouveautés auſſi propres à faire du bruit, qu'un Poëme agreable, ou un beau Diſcours d'éloquence.

L'utilité des Mathematiques & de la Phyſique, quoiqu'à la verité aſſés obſcure, n'en eſt donc pas moins réelle. A ne prendre les hommes que dans leur état naturel, rien ne leur eſt plus utile que ce qui peut leur conſerver la vie, & leur produire les Arts, qui ſont & d'un ſi grand ſecours, &

d'un ſi grand ornement à la ſocieté.

Ce qui regarde la conſervation de la vie, appartient particulierement à la Phyſique, & par rapport à cette vûë, elle a été partagée dans l'Academie en trois branches, qui font trois eſpeces differentes d'Academiciens, l'Anatomie, la Chimie, & la Botanique. On voit aſſés combien il eſt important de connoître exactement le Corps humain, & les remedes que l'on peut tirer des Mineraux, & des Plantes.

Pour les Arts dont le dénombrement ſeroit infini, ils dépendent les uns de la Phyſique, les autres des Mathematiques.

Il ſemble d'abord que ſi l'on vouloit renfermer les Mathematiques dans ce qu'elles ont d'utile, il faudroit ne les cultiver qu'autant qu'elles ont un rapport immediat & ſenſible aux Arts, & laiſſer tout le reſte comme une vaine Theorie. Mais cette idée ſeroit bien fauſſe. L'Art de la Navigation, par exemple, tient neceſſairement à l'Aſtronomie, & jamais l'Aſtronomie ne peut être pouſſée trop loin pour l'intereſt de la Navigation. L'Aſtronomie a un beſoin indiſpenſable de l'Optique à cauſe des Lunettes de longue vuë, & l'une & l'autre, ainſi que toutes les parties des Mathematiques, ſont fondées ſur la Geometrie, & pour aller juſqu'au bout, ſur l'Algebre même.

La Geometrie, & ſur tout l'Algebre, ſont la clé de toutes les recherches que l'on peut faire ſur la Grandeur. Ces Sciences qui ne s'occupent que de rapports abſtraits, & d'idées ſimples, peuvent paroître infructueuſes, tant qu'elles ne ſortent point, pour ainſi dire, du monde intellectuel; mais les Mathematiques mixtes, qui deſcendent à la matiere, & qui conſiderent les Mouvemens des Aſtres, l'augmentation des Forces mouvantes, les differentes routes que tiennent des Rayons de lumiere en differens milieux, les differens effets du Son par les Vibrations des cordes, en un mot toutes les Sciences qui découvrent des rapports particuliers de grandeurs ſenſibles, vont d'autant plus loin & plus ſûrement, que l'Art de découvrir des rapports en general eſt plus parfait. L'Inſtrument univerſel ne peut devenir trop étendu, trop maniable, trop aiſé à appliquer à tout ce qu'on voudra. Il eſt utile de l'utilite de toutes les Sciences, qui ne ſçauroient ſe paſſer de ſon ſecours. C'eſt par cette raiſon qu'entre les Mathematiciens de l'Academie, que l'on a prétendu rendre tous utiles au public, les Geometres ou Algebriſtes font une Claſſe, auſſi-bien que les Aſtronomes & les Mechaniciens.

Il eſt vray cependant que toutes les ſpeculations de Geometrie pure ou d'Algebre, ne s'appliquent pas à des choſes utiles. Mais il eſt vray auſſi que la plûpart de celles qui ne s'y appliquent pas, conduiſent ou tiennent à celles qui s'y appliquent. Sçavoir que dans une Parabole la Soutangente eſt double de l'Abſciſſe correſpondante, c'eſt une connoiſſance fort ſterile par elle-même; mais c'eſt un degré neceſſaire pour arriver à l'art de tirer les Bombes avec la juſteſſe dont on sçait les tirer presentement. Il s'en faut beaucoup qu'il y ait dans les Mathematiques autant d'usages évidens que de Propositions ou de Verités; c'est bien assés que le concours de plusieurs Verités produise presque toûjours un usage.

De plus telle speculation Geometrique, qui ne s'appliquoit d'abord à rien d'utile, vient à s'y appliquer dans la suite. Quand les plus grands Geometres du dix-septiéme Siecle se mirent à étudier une nouvelle Courbe qu'ils appellerent la Cycloïde, ce ne fut qu'une pure speculation, où ils s'engagerent par la seule vanité de découvrir à l'envy les uns des autres des Theorêmes difficiles. Ils ne prétendoient pas eux-mêmes travailler pour le bien public, cependant il s'est trouvé en approfondissant la nature de la Cycloïde qu'elle étoit destinée à donner aux Pendules toute la perfection possible, & à porter la mesure du temps jusqu'à sa derniere précision.

Il en est de la Physique comme de la Geometrie. L'Anatomie des Animaux nous devroit être assés indifferente, il n'y a que le Corps humain qu'il nous importe de connoître. Mais telle partie dont la structure est dans le Corps humain si délicate ou si confuse qu'elle en est invisible, est sensible & manifeste dans le corps d'un certain Animal. Delà vient que les Monstres même ne sont pas à negliger. La Mechanique cachée dans une certaine espece ou dans une structure commune se développe dans une autre espece, ou dans une structure extraordinaire, & l'on diroit presque que la Nature à force de multiplier & de varier ses ouvrages, ne peut s'empécher de trahir quelquefois son secret.

Les Anciens ont connu l'Aiman, mais ils n'en ont connu que la vertu d'attirer le fer. Soit qu'ils n'ayent pas fait beaucoup de cas d'une curiosité qui ne les menoit à rien, soit qu'ils n'eussent pas assés le genie des experiences, ils n'ont pas examiné cette Pierre avec assés de soin. Une seule experience de plus leur apprenoit, qu'elle se tourne d'elle-même vers les Poles du monde, & leur mettoit entre les mains le tresor inestimable de la Boussole. Ils touchoient à cette découverte si importante qu'ils ont laissé échapper, & s'ils avoient donné un peu plus de temps à une curiosité inutile en apparence, l'utilité cachée ſe declaroit.

Amaſſons toûjours des verités de Mathematique & de Phyſique au hazard de ce qui en arrivera, ce n'eſt pas riſquer beaucoup. Il eſt certain qu'elles ſeront puiſées dans un fonds d'où il en eſt déja ſorti un grand nombre qui ſe ſont trouvées utiles. Nous pouvons préſumer avec raiſon que de ce même fonds nous en tirerons pluſieurs, brillantes dés leur naiſſance d'une utilité ſenſible, & inconteſtable. Il y en aura d'autres qui attendront quelque temps qu'une fine meditation ou un heureux hazard découvre leur uſage. Il y en aura qui priſes ſeparément ſeront ſteriles, & ne ceſſeront de l'être que quand on s'aviſera de les rapprocher. Enfin au pis aller, il y en aura qui ſeront éternellement inutiles.

J'entens inutiles, par rapport aux uſages ſenſibles, & pour ainſi dire, groſſiers, car du reſte elles ne le ſeront pas. Un objet vers lequel on tourne uniquement ſes yeux, en eſt plus clair & plus éclatant, quand les objets voiſins qu'on ne regarde pourtant pas, ſont éclairés auſſi-bien que luy. C'eſt qu'il profite de la lumiere qu'ils luy communiquent par reflexion. Ainſi les découvertes ſenſiblement utiles, & qui peuvent meriter nôtre attention principale, ſont en quelque ſorte éclairées par celles qu'on peut traiter d'inutiles. Toutes les Verités deviennent plus lumineuſes les unes par les autres.

Il eſt toûjours utile de penſer juſte, même ſur des ſujets inutiles. Quand les Nombres & les

Lignes

Lignes ne conduiroient absolument à rien, ce seroient toûjours les seules connoissances certaines qui ayent été accordées à nos lumieres naturelles, & elles serviroient à donner plus sûrement à nôtre raison la premiere habitude, & le premier ply du vray. Elles nous apprendroient à operer sur les Verités, à en prendre le fil, souvent trés-délié & presque imperceptible, à le suivre aussi loin qu'il peut s'étendre; enfin elles nous rendroient le vray si familier, que nous pourrions en d'autres rencontres le reconnoître au premier coup d'œil, & presque par instinct.

L'Esprit Geometrique n'est pas si attaché à la Geometrie qu'il n'en puisse être tiré, & transporté à d'autres connoissances. Un Ouvrage de Morale, de Politique, de Critique, peut-être même d'Eloquence, en sera plus beau, toutes choses d'ailleurs égales, s'il est fait de main de Geometre. L'ordre, la netteté, la précision, l'exactitude qui regnent dans les bons Livres depuis un certain temps, pourroient bien avoir leur premiere source dans cet Esprit Geometrique, qui se répand plus que jamais, & qui en quelque façon se communique de proche en proche à ceux même qui ne connoissent pas la Geometrie. Quelquefois un grand Homme donne le ton à tout son siecle, & celuy à qui l'on pourroit le plus legitimement accorder la gloire d'avoir étably un nouvel Art de raisonner, étoit un excellent Geometre.

Enfin tout ce qui nous éleve à des reflexions, qui quoique purement ſpeculatives, ſont grandes & nobles, eſt d'une utilité qu'on peut appeller ſpirituelle & Philoſophique. L'Eſprit a ſes beſoins, & peut être auſſi étendus que ceux du Corps. Il veut ſçavoir, tout ce qui peut être connu luy eſt neceſſaire, & rien ne marque mieux combien il eſt deſtiné à la verité, rien n'eſt peut-être plus glorieux pour luy, que le charme que l'on éprouve, & quelquefois malgré ſoi, dans les plus ſeches & les plus épineuſes recherches de l'Algebre.

Mais ſans vouloir changer les idées communes, & ſans avoir recours à des utilités qui peuvent paroître trop ſubtiles & trop raffinées, on peut convenir nettement que les Mathematiques & la Phyſique ont des endroits qui ne ſont que curieux, & cela leur eſt commun avec les connoiſſances les plus generalement reconnuës pour utiles, telle qu'eſt l'Hiſtoire.

L'Hiſtoire ne fournit pas dans toute ſon étenduë des Exemples de vertu, ny des Regles de conduite. Hors delà, ce n'eſt qu'un ſpectacle de revolutions perpetuelles dans les affaires humaines, de naiſſances & de chutes d'Empires, de mœurs, de coûtumes, d'opinions, qui ſe ſuccedent inceſſamment, enfin de tout ce mouvement rapide, quoiqu'inſenſible, qui emporte tout, & change continuellement la face de la terre.

Si nous voulons oppoſer curioſité à curioſité, nous trouverons qu'au lieu de ce mouvement qui agite les Nations, qui fait naître, & qui renverſe des Etats, la Phyſique conſidere ce grand & univerſel mouvement qui a arrangé toute la Nature, qui a ſuſpendu les Corps celeſtes en differentes Spheres, qui allume & qui éteint des Etoiles, & qui en ſuivant toûjours des loix invariables, diverſifie à l'infiny ſes effets. Si la difference étonnante des mœurs & des opinions des Peuples, eſt ſi agréable à conſiderer, on étudie auſſi avec un extrême plaiſir la prodigieuſe diverſité de la ſtructure des differentes eſpeces d'Animaux par rapport à leurs differentes fonctions, aux élemens où ils vivent, aux climats qu'ils habitent, aux alimens qu'ils doivent prendre, &c. Les traits d'Hiſtoire les plus curieux auront peine à l'être plus que les Phoſphores, les Liqueurs froides qui en ſe mêlant produiſent de la flâme, les

Arbres d'argent, les Jeux presque magiques de l'Aiman, & une infinité de Secrets que l'Art a trouvés en observant de prés, & en épiant la Nature. En un mot la Physique suit & démêle, autant qu'il est possible, les traces de l'Intelligence & de la Sagesse infinie qui a tout produit, au lieu que l'Histoire a pour objet les effets irreguliers des passions, & des caprices des hommes, & une suite d'évenemens si bisarre, que l'on a autrefois imaginé une Divinité aveugle & insensée pour lui en donner la direction.

Ce n'est pas une chose que l'on doive conter parmi les simples curiosités de la Physique, que les sublimes reflexions où elle nous conduit sur l'Auteur de l'Univers. Ce grand Ouvrage toûjours plus merveilleux à mesure qu'il est plus connu, nous donne une si grande idée de son Ouvrier, que nous en sentons nôtre esprit accablé d'admiration, & de respect. Sur tout l'Astronomie, & l'Anatomie sont les deux Sciences qui nous offrent le plus sensiblement deux grands caracteres du Createur, l'une son immensité, par les distances, la grandeur, & le nombre des Corps celestes; l'autre, son intelligence infinie, par la Mechanique des Animaux. La veritable Physique s'éleve jusqu'à devenir une espece de Theologie.

Les differentes vûës de l'esprit humain sont presque infinies, & la Nature l'est veritablement. Ainsi l'on peut esperer chaque jour, soit en Mathematique, soit en Physique, des découvertes, qui seront d'une espece nouvelle d'utilité, ou de curiosité. Rassemblés tous les differens usages dont les Mathematiques pouvoient être il y a cent ans, rien ne ressembloit aux Lunettes qu'elles nous ont données depuis ce temps-là, & qui sont un nouvel organe de la Vûë, que l'on n'eût pas osé attendre des mains de l'Art. Quelle eût été la surprise des Anciens, si on leur eût prédit qu'un jour leur posterité, par le moyen de quelques instrumens, verroit une infinité d'objets qu'ils ne voyoient pas, un Ciel qui leur étoit inconnu, des Plantes & des Animaux, dont ils ne soupçonnoient seulement pas la possibilité? Les Physiciens avoient déja un grand nombre d'experiences curieuses; mais voici encore depuis prés d'un demi siecle la machine Pneumatique, qui

qui en a produit une infinité d'une nature toute nouvelle, & qui en nous montrant les corps dans un lieu vuide d'air, nous les montre comme transportés dans un Monde different du nôtre, où ils éprouvent des alterations dont nous n'avions pas d'idée. Peut-être l'excellence des Methodes Geometriques que l'on invente ou que l'on perfectionne de jour en jour, fera-t-elle voir à la fin le bout de la Geometrie, c'est à dire, de l'Art de faire des découvertes en Geometrie, ce qui est tout; mais la Physique qui contemple un objet d'une varieté & d'une fecondité sans bornes, trouvera toûjours des observations à faire, & des occasions de s'enrichir, & aura l'avantage de n'être jamais une science complette.

Tant de choſes qui reſtent encore, & dont apparemment pluſieurs reſteront toûjours à ſçavoir, donnent lieu au découragement affecté de ceux qui ne veulent pas entrer dans les épines de la Phyſique. Souvent pour mépriſer la ſcience naturelle, on ſe jette dans l'admiration de la Nature, que l'on ſoûtient abſolument incomprehenſible. La Nature cependant n'eſt jamais ſi admirable, ny ſi admirée que quand elle eſt connuë. Il eſt vrai que ce que l'on ſçait eſt peu de choſe en comparaiſon de ce qu'on ne ſçait pas; quelquefois même ce qu'on ne ſçait pas eſt juſtement ce qu'il ſemble qu'on devroit le plûtôt ſçavoir. Par exemple, on ne ſçait pas, du moins bien certainement, pourquoy une pierre jettée en l'air retombe, mais on ſçait avec certitude quelle eſt la cauſe de l'Arc-en-ciel, pourquoi il ne paſſe jamais une certaine hauteur, pourquoi la largeur en eſt toûjours la même, pourquoi quand il y a deux Arc-en-ciels à la fois, les couleurs de l'un ſont renverſées à l'égard de celles de l'autre, &c. & cependant combien la chute d'une pierre dans l'air, paroît-elle un Phenomene plus ſimple que l'Arc-en-ciel ? Mais enfin quoique l'on ne ſçache pas tout, on n'ignore pas tout auſſi ; quoique l'on ignore ce qui paroît plus ſimple, on ne laiſſe pas de ſçavoir ce qui paroît plus compliqué ; & ſi nous devons craindre que nôtre vanité ne nous flate ſouvent de pouvoir parvenir à des connoiſſances qui ne ſont pas faites pour nous, il eſt dangereux que nôtre pareſſe ne nous flate aussi quelquefois d'être condamnés à une plus grande ignorance que nous ne le sommes effectivement.

Il est permis de conter que les Sciences ne font que de naître, soit parce que chés les Anciens elles ne pouvoient être encore qu'assés imparfaites, soit parce que nous en avons presque entierement perdu les traces pendant les longues tenebres de la Barbarie, soit parce qu'on ne s'est mis sur les bonnes voies que depuis environ un siecle. Si l'on examinoit historiquement le chemin qu'elles ont déja fait, dans un si petit espace de temps, malgré les faux préjugés qu'elles ont eus à combattre de toutes parts, & qui leur ont long-temps resisté, quelquefois même malgré les obstacles étrangers de l'autorité & de la puiſſance, malgré le peú d'ardeur que l'on a eu pour des connoiſſances éloignées de l'uſage commun, malgré le petit nombre de perſonnes qui ſe ſont dévoüées à ce travail, malgré la foibleſſe des motifs qui les y ont engagées, on ſeroit étonné de la grandeur & de la rapidité du progrés des Sciences, on en verroit même de toutes nouvelles ſortir du néant, & peut-être laiſſeroit-on aller trop loin ſes eſperances pour l'avenir.

Plus nous avons lieu de nous promettre qu'il ſera heureux, plus nous ſommes obligés à ne regarder preſentement les Sciences que comme étant au berceau, du moins la Phyſique. Auſſi l'Academie n'en eſt-elle encore qu'à faire une ample proviſion d'obſervations & de faits bien averés, qui pourront être un jour les fondemens d'un Siſtême; car il faut que la Phyſique ſiſtématique attende à élever des Edifices, que la Phyſique experimentale ſoit en état de lui fournir les materiaux neceſſaires.

Pour cet amas de materiaux, il n'y a que des Compagnies, & des Compagnies protegées par le Prince, qui puiſſent réüſſir à le faire, & à le préparer. Ny les lumieres, ny les ſoins, ny la vie, ny les facultés d'un Particulier n'y ſuffiroient. Il faut un trop grand nombre d'experiences, il en faut de trop d'eſpeces differentes, il faut trop repeter les mêmes, il les faut varier de trop de manieres, il faut les ſuivre trop long-temps avec un même esprit. La cause du moindre effet est presque toûjours enveloppée sous tant de plis & de replis, qu'à moins qu'on ne les ait tous démêlés avec un extrême soin, on ne doit pas prétendre qu'elle vienne à se manifester.

Jusqu'à present l'Academie des Sciences ne prend la Nature que par petites parcelles. Nul Sistême general, de peur de tomber dans l'inconvenient des Sistêmes précipités dont l'impatience de l'esprit humain ne s'accommode que trop bien, & qui étant une fois établis, s'opposent aux verités qui surviennent. Aujourd'huy on s'assure d'un fait, demain d'un autre qui n'y a nul rapport. On ne laisse pas de hasarder des conjectures sur les causes, mais ce sont des conjectures. Ainſi les Reciieils que l'Academie preſente tous les ans au Public, ne ſont composés que de morceaux détachés, & indépendans les uns des autres, dont chaque Particulier, qui en eſt l'Auteur, garantit les faits & les experiences, & dont l'Academie n'approuve les raiſonnemens qu'avec toutes les reſtrictions d'un ſage Pirrhoniſme.

Le temps viendra peut-être que l'on joindra en un corps regulier ces membres épars; & s'ils ſont tels qu'on les ſouhaite, ils s'aſſembleront en quelque ſorte d'eux-mêmes. Pluſieurs verités ſeparées, dés qu'elles ſont en aſſés grand nombre, offrent ſi vivement à l'eſprit leurs rapports, & leur mutuelle dépendance, qu'il ſemble qu'aprés avoir été détachées par une eſpece de violence les unes d'avec les autres, elles cherchent naturellement à ſe réunir.

HISTOIRE
DU RENOUVELLEMENT DE L'ACADEMIE ROYALE DES SCIENCES,
En M. DC. XCIX.

'ACADEMIE ROYALE des Sciences établie en 1666. avoit si bien répondu par ses travaux, & par ses découvertes aux intentions du Roy, que plusieurs années aprés son établissement, Sa Majesté voulut bien l'honorer d'une attention toute nouvelle, & lui donner une seconde naissance, encore plus noble, &, pour ainsi dire, plus forte que la premiere.

Cette Academie avoit été formée, à la verité, par les ordres du Roy, mais sans aucun acte émané de l'autorité Royale. L'amour des Sciences en faisoit presque seul toutes les loix; mais quoique le succés eût été heureux, il est certain que pour rendre cette Compagnie durable, & aussi utile qu'elle le pouvoit être, il faloit des régles plus précises, & plus severes.

C'est ainsi qu'en jugea le Roy, lorsqu'aprés la Guerre terminée par le Traité de Riswic, il tourna particulierement les yeux sur le dedans de ſon Royaume, pour y répandre de ſes propres mains, & ſelon les veuës de ſa ſageſſe, les fruits de la Paix.

L'Academie des Sciences ne lui parut pas un objet indigne de ſes regards. Ses faveurs pour elle non interrompuës pendant les plus grands beſoins de l'Etat, avoient empêché les Sciences de s'apercevoir parmi nous du trouble qui agitoit toute l'Europe ; il crut cependant n'avoir pas aſſez fait, parce qu'il pouvoit faire encore plus, & il conçut que ce qui n'avoit pas été endommagé par une ſi cruelle tempeſte, devoit s'accroître & ſe fortifier dans le calme.

Il chargea Monſieur de Pontchartrain, alors Miniſtre & Secretaire d'Etat, & depuis Chancelier de France, de donner à l'Academie des Sciences la forme la plus propre à en tirer toute l'utilité qu'on s'en pouvoit promettre.

Monsieur de Pontchartrain qui en qualité de Secretaire d'Etat ayant le département de la Maison du Roy, étoit chargé du soin des Academies, avoit établi chef de cette Compagnie depuis quelques années Monsieur l'Abbé Bignon son neveu, & par là il avoit fait aux Sciences une des plus grandes faveurs qu'elles ayent jamais reçuës d'un Ministre.

Monsieur l'Abbé Bignon, qui ayant long-temps presidé à l'Academie des Sciences, en connoissoit parfaitement la constitution, & avoit beaucoup pensé de lui-même aux moyens d'en faire quelque chose de plus grand, &

de plus considerable, communiqua ses veuës à Monsieur de Pontchartrain, qui de son côté voulut bien y joindre ces mêmes lumieres qu'il employoit si utilement aux plus importantes affaires de l'Etat.

De là se forma une Compagnie presque toute nouvelle, pareille en quelque sorte à ces Republiques, dont le Plan a été conçû par les Sages, lorsqu'ils ont fait des Loix, en se donnant une liberté entiere d'imaginer, & de ne suivre que les souhaits de leur raison.

Le nouveau Réglement pour l'Academie dressé par Monsieur de Pontchartrain, fut approuvé par le Roy. L'affaire avoit été conduite avec assez de secret, & ce fut une surprise agreable pour la Compagnie, lorsque le 4. Fevrier 1699. Monsieur l'Abbé Bignon étant venu à l'Assemblée, y fit faire la lecture suivante.

REGLEMENT ordonné par le Roy pour l'Academie Royale des Sciences.

LE ROY voulant continuer à donner des marques de son affection à l'Academie Royale des Sciences, Sa Majesté a resolu le present Reglement, lequel Elle veut & entend être exactement observé.

I.

L'Academie Royale des Sciences demeurera toûjours sous la protection du Roy, & recevra ses ordres par celui des Secretaires d'Etat, à qui il il plaira à Sa Majesté d'en donner le soin.

II.

Ladite Academie sera toûjours composée de quatre sortes d'Academiciens, les Honoraires, les Pensionnaires, les Associez, & les Eleves: la premiere classe composée de dix personnes, & les trois autres, chacune de vingt: & nul ne sera admis dans aucune de ces quatre classes, que par le choix ou l'agrément de Sa Majesté.

III.

Les Honoraires seront tous Regnicoles, & recommandables par leur intelligence dans les Mathématiques, ou dans la Physique, desquels l'un sera Président; & aucun d'eux ne pourra devenir Pensionnaire.

IV.

Les Pensionnaires seront tous établis à Paris; trois Géometres, trois Aſtronomes, trois Méchaniciens, trois Anatomiſtes, trois Chimiſtes, trois Botaniſtes, un Secretaire, & un Treſorier. Et lorſqu'il arrivera que quelqu'un d'entre eux ſera appellé à quelque Charge ou Commiſſion demandant réſidence hors de Paris, il ſera pourveu à ſa place, de même que ſi elle avoit vacqué par decés.

V.

Les Aſſociez ſeront en pareil nombre, douze deſquels ne pourront être que Regnicoles, deux appliquez à la Géometrie, deux à l'Aſtronomie, deux aux Méchaniques, deux à l'Anatomie, deux à la Chimie, deux à la Botanique: les huit autres pourront être Etrangers, & s'appliquer à celles d'entre ces diverſes Sciences pour leſquelles ils auront plus d'inclination & de talent.

VI.

Les Eleves seront tous établis à Paris, chacun d'eux appliqué au genre de Science, dont fera profession l'Academicien Pensionnaire, auquel il sera attaché: & s'ils passent à des emplois demandant résidence hors de Paris, leurs places seront remplies, comme si elles estoient vacantes par mort.

VII.

Pour remplir les places d'Honoraires, l'Assemblée élira à la pluralité des voix, un sujet digne qu'elle proposera à Sa Majesté pour avoir son agrément.

VIII.

Pour remplir les places de Pensionnaires, l'Academie élira trois Sujets, desquels deux au moins seront Associez ou Eleves, & ils seront proposez à Sa Majesté, afin qu'il lui plaise en choisir un.

IX.

Pour remplir les places d'Associez, l'Academie élira deux Sujets, desquels un au moins pourra être pris du nombre des Eleves; & ils seront proposez à Sa Majesté, afin qu'il lui plaise en choisir un.

X.

Pour remplir les places d'Eleves, chacun des Pensionnaires s'en pourra choisir un qu'il presentera à la Compagnie, qui en déliberera; & s'il est agréé à la pluralité des voix, il sera proposé à Sa Majesté.

XI.

Nul ne pourra être proposé à Sa Majesté, pour remplir aucune desdites places d'Academicien, s'il n'est de bonnes mœurs, & de probité reconnuë.

XII.

Nul ne pourra être proposé de même, s'il est Regulier, attaché à quel-

que Ordre de Religion ; si ce n'est pour remplir quelque place d'Academicien Honoraire.

XIII.

Nul ne pourra être proposé à Sa Majesté, pour les places de Pensionnaire, ou d'Associé, s'il n'est connu par quelque Ouvrage considerable imprimé, par quelque Cours fait avec éclat, par quelque Machine de son invention, ou par quelque Découverte particuliere.

XIV.

Nul ne pourra être proposé pour les places de Pensionnaire, ou d'Associé, qu'il n'ait au moins vingt-cinq ans.

XV.

Nul ne pourra être proposé pour les places d'Eleves, qu'il n'ait vingt ans au moins.

XVI.

Les Assemblées ordinaires de l'A-

cademie se tiendront à la Bibliotheque du Roy, les Mecredis & Samedis de chaque semaine ; & lorsqu'esdits jours il se rencontrera quelque Feste, l'Assemblée se tiendra le jour precedent.

XVII.

Les Séances desdites Assemblées seront au moins de deux heures ; sçavoir, depuis trois jusqu'à cinq.

XVIII.

Les vacances de l'Academie commenceront au huitiéme de Septembre, & finiront le onziéme de Novembre, & elle vaquera en outre pendant la quinzaine de Pâques, la semaine de la Pentecôte, & depuis Noël jusqu'aux Rois.

XIX.

Les Academiciens seront assidus à tous les jours d'Assemblée ; & nul des Pensionnaires ne pourra s'absenter plus de deux mois pour ses affai-

res particulieres, hors le temps des vacances, sans un congé exprés de Sa Majesté.

XX.

L'experience ayant fait connoître trop d'inconveniens dans les Ouvrages ausquels toute l'Academie pourroit travailler en commun, chacun des Academiciens choisira plûtôt quelque objet particulier de ses études, & par le compte qu'il en rendra dans les Assemblées, il tâchera d'enrichir de ses lumieres tous ceux qui composent l'Academie, & de profiter de leurs remarques.

XXI.

Au commencement de chaque année, chaque Academicien Pensionnaire sera obligé de déclarer par écrit à la Compagnie le principal Ouvrage auquel il se proposera de travailler: & les autres Academiciens seront invitez à donner une semblable déclaration de leurs desseins.

XXII.

Quoique chaque Academicien soit obligé de s'appliquer principalement à ce qui concerne la science particuliere à laquelle il s'est adonné, tous néanmoins seront exhortez à étendre leurs recherches sur tout ce qui peut être d'utile ou de curieux dans les diverses parties des Mathématiques, dans la differente conduite des Arts, & dans tout ce qui peut regarder quelque point de l'Histoire Naturelle, ou appartenir en quelque maniere à la Physique.

XXIII.

Dans chaque Assemblée il y aura du moins deux Academiciens Pensionnaires obligez à tour de rolle d'apporter quelques observations sur leur Science. Pour les Associez, ils auront toûjours la liberté de proposer de même leurs observations, & chacun de de ceux qui seront presens, tant Honoraires que Pensionnaires, ou Associez, pourront selon l'ordre de leur Science, faire leurs remarques sur ce qui aura été proposé : mais les Eleves ne parleront que lorsqu'ils y seront invitez par le Président.

XXIV.

Toutes les observations que les Academiciens apporteront aux Assemblées, seront par eux laissées le jour même par écrit entre les mains du Secretaire, pour y avoir recours dans l'occasion.

XXV.

Toutes les Expériences qui seront rapportées par quelque Academicien, seront verifiées par luy dans les Assemblées, s'il est possible, ou du moins elles le seront en particulier en presence de quelques Academiciens.

XXVI.

L'Academie veillera exactement à ce que dans les occasions où quelques Academiciens seront d'opinions differentes, ils n'employent aucun terme de mépris ny d'aigreur l'un contre l'autre, soit dans leurs discours, soit dans leurs écrits; & lors même qu'ils combattront les sentimens de quelques Sçavans que ce puisse être, l'Academie les exhortera à n'en parler qu'avec ménagement.

XXVII.

L'Academie aura soin d'entretenir commerce avec les divers Sçavans, soit de Paris & des Provinces du Royaume, soit même des Pays étrangers, afin d'être promptement informée de ce qui s'y passera de curieux pour les Mathématiques, ou pour la Physique; & dans les élections pour remplir des places d'Academiciens, elle donnera beaucoup de préference aux Sçavans qui auront été les plus exacts à cette espece de commerce.

XXVIII.

L'Academie chargera quelqu'un des Academiciens de lire les Ouvrages importants de Physique ou de Mathématique qui paroîtront, soit en France, soit ailleurs; & celuy qu'elle aura chargé de cette lecture, en fera son rapport à la Compagnie sans en faire la critique, en marquant seulement s'il y a des veuës dont on puisse profiter.

XXIX.

L'Academie fera de nouveau les Experiences considerables qui se seront faites par tout ailleurs, & marquera dans ses Registres la conformité ou la difference des siennes à celles dont il étoit question.

XXX.

L'Academie examinera les Ou-

vrages que les Academiciens se proposeront de faire imprimer : elle n'y donnera son approbation qu'aprés une lecture entiere faite dans les Assemblées, ou du moins qu'aprés un examen & rapport fait par ceux que la Compagnie aura commis à cet examen : & nul des Academiciens ne pourra mettre aux Ouvrages qu'il fera imprimer le titre d'Academicien, s'ils n'ont été ainsi approuvez par l'Academie.

XXXI.

L'Academie examinera, si le Roy l'ordonne, toutes Machines pour lesquelles on sollicitera des Privileges auprés de Sa Majesté. Elle certifiera si elles sont nouvelles & utiles : & les Inventeurs de celles qui seront approuvées, seront tenus de luy en laisser un modelle.

XXXII.

Les Academiciens Honoraires,

Pensionnaires & Associez auront voix déliberative, lorsqu'il ne s'agira que de Sciences.

XXXIII.

Les seuls Academiciens Honoraires & Pensionnaires auront voix déliberative lorsqu'il s'agira d'élections ou d'affaires concernant l'Academie: & lesdites déliberations se feront par scrutin.

XXXIV.

Ceux qui ne seront point de l'Academie ne pourront assister ni être admis aux Assemblées ordinaires, si ce n'est quand ils y seront conduits par le Secretaire pour y proposer quelques Découvertes ou quelques Machines nouvelles.

XXXV.

Toutes personnes auront entrée aux Assemblées publiques qui se tiendront deux fois chaque année, l'une le premier jour d'aprés la saint

Martin, & l'autre le premier jour d'aprés Pâques.

XXXVI.

Le Président sera au haut bout de la table avec les Honoraires : les Academiciens Pensionnaires seront aux deux côtés de la table ; les Associez au bas bout, & les Eleves chacun derriere l'Academicien duquel ils seront Eleves.

XXXVII.

Le Président sera tres-attentif à ce que le bon ordre soit fidellement observé dans chaque Assemblée, & dans ce qui concerne l'Academie ; il en rendra un compte exact à Sa Majesté, ou au Secretaire d'Etat à qui le Roy aura donné le soin de ladite Academie.

XXXVIII.

Dans toutes les Assemblées le Président fera déliberer sur les differentes matieres, prendra les avis de ceux qui ont voix dans la Compagnie, selon l'ordre de leur séance, & prononcera les résolutions à la pluralité des voix.

XXXIX.

Le Président sera nommé par Sa Majesté au premier Janvier de chaque année : mais quoique chaque année il ait ainsi besoin d'une nouvelle nomination, il pourra être continué tant qu'il plaira à Sa Majesté ; & comme par l'indisposition ou par la necessité de ses affaires, il pourroit arriver qu'il manqueroit à quelque Assemblée, Sa Majesté nommera en même temps un autre Academicien pour présider en l'absence dudit Président.

XL.

Le Secretaire sera exact à recueillir en substance tout ce qui aura été proposé, agité, examiné, & résolu dans la Compagnie, à l'écrire sur son Registre, par rapport à chaque jour d'Assemblée, & à y inserer les Traitez dont aura été fait lecture. Il signera tous les Actes qui en seront délivrez, soit à ceux de la Compagnie, soit à autres qui auront interest d'en avoir: & à la fin de Decembre de chaque année, il donnera au public un Extrait de ses Registres, ou une Histoire raisonnée de ce qui se sera fait de plus remarquable dans l'Academie.

XLI.

Les Registres, Titres, & Papiers concernant l'Academie, demeureront toujours entre les mains du Secretaire, à qui ils seront incessamment remis par un nouvel Inventaire que le Président en dressera: & au mois de Decembre de chaque année, ledit Inventaire sera par le Président recolé & augmenté de ce qui s'y trou-

vera avoir été ajoûté durant toute l'année.

XLII.

Le Secretaire sera perpetuel; & lorsque par maladie ou par autre raison considerable, il ne pourra venir à l'Assemblée, il y commettra tel d'entre les Academiciens qu'il jugera à propos pour tenir en sa place le Registre.

XLIII.

Le Tresorier aura en sa garde tous les livres, meubles, instrumens, machines, ou autres curiositez appartenant à l'Academie: lorsqu'il entrera en charge, le Président les luy remettra par inventaire; & au mois de Decembre de chaque année, ledit Président recolera ledit inventaire pour l'augmenter de ce qui aura été ajoûté durant toute l'année.

XLIV.

Lorsque des Sçavans demande-

ront à voir quelqu'une des choses commises à la garde du Tresorier, il aura soin de les leur montrer : mais il ne pourra les laisser transporter hors des sales où elles seront gardées, sans un ordre par écrit de l'Academie.

XLV.

Le Tresorier sera perpetuel : & quand par quelque empêchement legitime, il ne pourra satisfaire à tous les devoirs de sa fonction, il nommera quelque Academicien pour y satisfaire.

XLVI.

Pour faciliter l'impression des divers Ouvrages que pourront composer les Academiciens, Sa Majesté permet à l'Academie de se choisir un Libraire, auquel en consequence de ce choix, le Roy fera expedier les Privileges necessaires pour imprimer & distribuer les Ouvrages des Aca-

demiciens que l'Academie aura approuvez.

XLVII.

Pour encourager les Academiciens à la continuation de leurs travaux, Sa Majesté continuëra à leur faire payer les pensions ordinaires, & même des gratifications extraordinaires suivant le merite de leurs Ouvrages.

XLVIII.

Pour aider les Academiciens dans leurs études, & leur faciliter les moyens de perfectionner leur Science, le Roy continuëra de fournir aux frais necessaires pour les diverses experiences & recherches que chaque Academicien pourra faire.

XLIX.

Pour recompenser l'assiduité aux Assemblées de l'Academie, Sa Majesté fera distribuer à chaque Assemblée quarante jettons à tous ceux d'entre les Academiciens Pensionnaires qui seront presents.

L.

Veut Sa *Majesté que le present Reglement soit leu dans la prochaine Assemblée, & inseré dans les Registres, pour être exactement observé suivant sa forme & teneur; & s'il arrivoit qu'aucun Academicien y contrevinst en quelque partie,* Sa *Majesté en ordonnera la punition suivant l'exigence du cas. Fait à Versailles le vingt-sixiéme de Janvier mil six cens quatre-vingt-dix-neuf. Signé,* LOUIS. *Et plus bas,* PHELYPEAUX.

En vertu de ce Reglement, l'Academie des Sciences devient un Corps établi en forme par l'autorité Royale, ce qu'elle n'étoit pas auparavant.

C'est un Corps beaucoup plus

nombreux, & qui embraſſe ſous differens titres toutes les perſonnes les plus illuſtres dans les Sciences, ou même les plus propres à le devenir.

Il embraſſe, non-ſeulement les plus celebres Sçavans des Provinces de France, mais même ceux des autres Païs.

Il contient en lui-même dequoi ſe réparer continuellement; & ceux qui en peuvent devenir les principaux membres, commenceront de bonne heure à s'y former.

En même temps, il ne laiſſe pas d'être toûjours ouvert au merite étranger.

Il a des correſpondances dans tous les lieux, où il y a des Sciences, & il attire à lui les premieres nouvelles, & les premiers fruits de la plûpart des découvertes, qui se feront au dehors.

Les differentes manieres d'entrer dans ce Corps sont proportionnées aux differentes veuës qui peuvent faire desirer d'y entrer, & aux differentes classes d'Academiciens.

Les Academiciens sont plus fortement que jamais engagés au travail, & même à l'assiduité. L'Academie se fait plus connoître du Public, les matieres qu'elle traite sont moins renfermées chez elle, & le goût, le fruit, & l'esprit des Sciences peuvent se communiquer au dehors avec plus de facilité.

Aprés que le Reglement eut été lu dans l'Assemblée, M. l'Abbé Bignon y fit lire une Lettre de M. de Pontchartrain, par laquelle le Roi nommoit plusieurs Academiciens nouveaux.

On vit à l'Aſſemblée ſuivante une agréable confuſion à laquelle on n'étoit pas accoûtumé. Car & les anciens Academiciens, dont quelques-uns n'étoient pas fort aſſidus, ne manquerent pas de s'y trouver, & les nouveaux vinrent prendre leurs places, ce qui faiſoit beaucoup de monde pour une des plus petites chambres de la Bibliotheque du Roy, où l'on s'aſſembloit. Ce deſordre ceſſa bien-tôt, M. l'Abbé Bignon marqua à chacun une place fixe, & il ſe trouva, car peut être n'eſt-il pas hors de propos de rapporter les plus petites choſes, ſurtout parce qu'en fait de Compagnies elles peuvent devenir importantes; il ſe trouva que les Sçavans de differente eſpece, un Geometre, par exemple, & un Anatomiſte furent voiſins, & comme ils ne parlent pas la même langue, les conversations particulieres en furent moins à craindre.

Dans cette Assemblée, qui fut la premiere de la nouvelle Academie, le premier soin fut celui de la reconnoissance que l'on devoit à Monsieur de Pontchartrain. Il fut resolu unanimement que la Compagnie en Corps, présidée par M. l'Abbé Bignon, iroit le remercier tres-humblement du Reglement qu'il avoit eu la bonté d'obtenir du Roy, & lui demander la continuation de sa protection. Ce Ministre engagea encore la Compagnie à une nouvelle reconnoissance par la maniere dont il la reçut. Quand elle s'en alla, il lui fit l'honneur de la reconduire jusqu'à sa court, & de ne point rentrer dans son appartement qu'elle n'en fût entierement

tierement ſortie.

Quelques jours aprés, on reſolut que l'Academie iroit par Députés remercier auſſi M. l'Abbé Bignon de la part qu'il avoit euë au nouveau Reglement, & des extrémes obligations qu'on lui avoit depuis long-temps. On prit pour propoſer, & pour regler cette députation un jour qu'heureuſement M. l'Abbé Bignon n'eſtoit pas à l'Aſſemblée, & l'on jugea neceſſaire d'arrêter que le ſecret ſeroit inviolablement gardé juſqu'à l'execution.

Il y eut d'abord quelques ſeances qui ſe paſſerent uniquement à ſe mettre dans la nouvelle forme que le Reglement preſcrivoit.

On travailla enſuite à trouver un Seau & une Deviſe pour la Compagnie.

Le Seau fut un Soleil, simbole du Roy, & des Sciences, entre trois Fleurs de Lis, & la Devise une Minerve environnée des instrumens des Sciences, & des Arts, avec ces mots latins, *Invenit & perficit.*

Mais entre toutes ces seances, où il ne fut question que de préliminaires, la plus remarquable fut celle, où tous les Academiciens Pensionnaires déclarerent par écrit quel étoit l'Ouvrage auquel ils travailleroient, & en quel temps ils esperoient l'avoir fini. Ce fut un espece de vœu qu'ils firent à cette nouvelle naissance de la Compagnie, & la plûpart des Associez & des Eleves en firent autant, quoyqu'ils n'y fussent pas obligez. Quelques Academiciens ont déja satisfait à leur engagement, & leurs Ouvrages ont paru.

Tous les Academiciens presſens nommerent auſſi les differentes perſonnes avec qui ils ſeroient en commerce ſur les matieres de Sciences, ſoit dans les Provinces, ſoit dans les Pays étrangers, & le Secretaire expedia de la part de la Compagnie des Lettres à tous ces Correſpondans, pour les prier d'entretenir ce commerce avec regularité.

On s'appercevoit aiſément que ces préliminaires, quoiqu'indiſpenſables, paroiſſoient languiſſans à la Compagnie, impatiente d'en venir à un travail ſerieux. Elle y vint enfin, & déſormais ſon Hiſtoire ne roule plus que ſur des obſervations, & des raiſonnemens propoſés dans les Aſſemblées.

Il reſte cependant encore un fait, que la reconnoiſſance, & même la gloire de l'Academie rendent absolument necessaire dans son Histoire. C'est une nouvelle grace qu'elle reçut du Roy. Il lui donna un logement spatieux & magnifique dans le Louvre, au lieu de la petite chambre serrée qu'elle occupoit dans la Bibliotheque ; & la premiere Assemblée d'aprés Pasques, qui selon le Réglement donné en Fevrier, fut publique, se tint dans ce nouveau logement.

ELOGES DES ACADEMICIENS DE L'ACADEMIE ROYALE DES SCIENCES.

Morts depuis l'an 1699.

AVERTISSEMENT.

CHacun des Eloges ſuivans a été lû dans la premiere Aſſemblée publique qui s'eſt tenuë aprés la mort de l'Academicien. Ainſi l'on y peut trouver certaines choſes qui n'ayent rapport qu'au temps de cette lecture.

ELOGE DE MONSIEUR BOURDELIN.

LAUDE BOURDELIN, né d'honnêtes parens à Ville-Franche prés de Lyon en 1621. perdit son pere & sa mere, étant encore trés-jeune, & fut amené à Paris. Abandonné à sa propre conduite dans un âge, & dans un païs fort dangereux, il apprit de luy-même le Grec & le Latin, dans la vûë de s'attacher à la Pharmacie & à la Chimie, qui ont fait ensuite son unique occupation pendant prés de 56. années.

Il s'acquit en assés peu de temps

une grande reputation, non-seulement pour l'exacte & fidelle preparation des remedes, qu'il distribuoit à tout le monde à un prix égal & trés-modique, mais encore pour la connoissance des maladies, sur lesquelles il donnoit sans aucune récompense des conseils modestes, & souvent heureux. Quoiqu'il ne promît jamais la santé à un malade avec une certaine assûrance, on ne laissoit pas d'avoir une extrême confiance en luy. Il n'approuvoit point la saignée, hormis dans l'Apoplexie de sang, & on luy a vû guerir sans ce secours quantité de maladies aigües inflammatoires, comme des Pleuresies, des Fluxions de poitrine, des Esquinancies, &c.

Quand l'Academie Royale des Sciences fut formée en 1666. par

Monſieur Colbert, qui apporta tous ſes ſoins au choix des Sujets, M. Bourdelin y fut mis en qualité de Chimiſte, & auſſi-tôt il travailla avec M. du Clos à l'examen des Eaux Minerales du Royaume. Il fit enſuite un tres grand nombre d'experiences ſur les mélanges des ſucs des Plantes, ou des Eſprits & des Sels Mineraux, avec le ſang arteriel, ou veneux, ou avec la bile, le fiel, la lymphe des Animaux. Il a ſuivy avec toute la diligence & l'exactitude poſſible l'Analiſe de toutes les Plantes qu'il a pû recouvrer, & a beaucoup contribué à la perfection de cette Methode, dont l'Academie a voulu voir le fond. Il a même tenté l'analiſe des huiles par des moyens de ſon invention, & qui peuvent beaucoup ſervir à connoître cette partie des Mixtes.

Enfin

Enfin il a fait voir à l'Academie prés de deux mille analiſes de toutes ſortes de corps, & a executé ou inventé la plus grande partie des Operations chimiques qui ont été faites dans cette Compagnie pendant plus de trente-deux ans.

Il mourut le 15. Octobre 1699. âgé de prés de quatre-vintgs ans. Il reçut la mort avec toute la fermeté d'un homme de bien.

Il a laiſſé deux fils, tous deux Academiciens; l'un de l'Academie des Sciences, l'autre de celle des Inſcriptions.

ELOGE

DE MONSIEUR TAUVRY.

DANIEL TAUVRY, né en 1669. étoit fils d'Ambroiſe Tauvry, Medecin de la Ville de Laval. Son Pere fut ſon Precepteur pour le Latin & pour la Philoſophie, & il trouva dans ſon Diſciple de ſi heureuſes diſpoſitions, qu'il luy fit ſoûtenir problematiquement une Theſe de Logique à l'âge de neuf ans & demi. La Theſe generale de Philoſophie, problematique auſſi, vint un an aprés. Enſuite M. Tauvry le Pere, qui étoit Medecin de l'Hôpital de Laval, enſeigna en même temps à ſon fils la Theorie de la Medecine, & la pratique ſur les Malades de cet Hôpital. Mais pour l'inſtruire davantage dans cette Profeſſion, il l'envoya à Paris, âgé de 13 ans, & deux ans aprés le jeune Medecin fut jugé digne par l'Univerſité d'Angers d'y être reçû Docteur. Il revint à Paris, où il s'appliqua pendant 3 ans à l'Anatomie; & ce fut alors qu'il donna au Public ſon *Anatomie raiſonnée*, âgé de 18 ans, car on ne peut s'empêcher de marquer toûjours exactement des dattes ſi ſingulieres. De l'Etude de l'Anatomie, il paſſa à celle des Remedes, & compoſa ſon *Traité des Medicamens* vers l'âge de 21 an. Quelque temps aprés ſur les deffenſes que le Roy fit aux Medecins étrangers de pratiquer, il ſe presenta à la Faculté de Paris, & y fut reçû Docteur. Il en redoubla son ardeur pour une profession qu'il avoit embrassée presque dés le berceau ; & comme il avoit l'esprit fertile en reflexions, & que ses lectures & ses experiences luy en fournissoient incessamment des sujets, il composa sa *Nouvelle Pratique des Maladies aiguës, & de toutes celles qui dépendent de la fermentation des Liqueurs.* Cet Ouvrage parut en 1698.

Je le connus en ce temps-là, & conçus beaucoup d'estime pour luy. J'avois l'honneur d'être de l'Academie des Sciences, & j'étois en droit de nommer un Eleve. Je crus ne pouvoir faire un meilleur present à la Compagnie que M. Tauvry, & quoique ma nomination ne fût pas assés honorable pour luy, l'envie qu'il avoit d'entrer dans cet illuſtre Corps l'empêcha d'être ſi délicat ſur la maniere d'y entrer.

En 1699. le Roy honora l'Academie d'un nouveau Reglement, & nomma en même temps pluſieurs Academiciens nouveaux, ou avança les anciens. Ce fut alors que M. Tauvry paſſa de la place d'Eleve à celle d'Aſſocié.

Auſſi-tôt aprés il s'engagea contre M. Mery dans la fameuſe diſpute de la Circulation du ſang dans le Fœtus, & à cette occaſion il fit ſon *Traité de la Generation & de la nourriture du Fœtus*, qui fut publié en 1700.

Cette diſpute contribua peut-être à la maladie dont il eſt mort, car comme il avoit en tête un grand Adverſaire, il fit de grands efforts de travail, & prit beaucoup ſur ſon ſommeil, pour étudier à fond la matiere dont il s'agiſſoit, & pour compoſer ſon Livre, ſans interrompre cependant la pratique de ſa Profeſſion.

Quoiqu'il en ſoit, une diſpoſition naturelle qu'il avoit à être Aſthmatique augmenta vers le commencement de cette année, & il eſt mort d'une Phtiſie au mois de Fevrier 1701. âgé de 31 an & demi.

Il paroît aſſés par tout ce qui vient d'être rapporté de luy qu'il devoit avoir l'eſprit extrêmement vif, & penetrant. A la grande connoiſſance qu'il avoit de l'Anatomie, il joignoit le talent d'imaginer heureuſement les uſages des ſtructures, & en general il avoit le don du Syſtême.

Il y a beaucoup d'apparence qu'il auroit brillé dans l'exercice de la Medecine, quoiqu'il n'eût ni protection, ni cabale, ni art de se faire valoir ; son merite commençoit déja à lui donner entrée dans plusieurs maisons considerables, où je suis témoin qu'il a été fort regretté.

CATALOGUE des Ouvrages de Monsieur TAUVRY.

Nouvelle Anatomie raisonnée, où l'on explique les usages de la structure du Corps de l'homme, & de quelques autres animaux, suivant les Loix des Mécaniques. Troisiéme Edition. Paris, chez

Barthelemy Girin, 1698. *in* 12°, pagg. 422.

Traité des Medicamens, & la maniere de s'en servir pour la guérison des Maladies, suivant les Experiences des Medecins modernes, avec les formules pour la Composition des Medicamens. Troisiéme Edition. Paris, chez Barth. Girin, 1699. *in* 12°, 2. vol. Vol. 1er, pagg. 540. Vol. 2. pagg. 564.

Pratique des Maladies aiguës, & de toutes celles qui dépendent de la fermentation des Liqueurs. Seconde Edition. Paris, chez Laurent d'Houry, 1707. *in* 12°, 2. vol. Vol. 1er, pagg. 480. Vol. 2. pagg. 512.

Traité de la Generation & de la Nourriture du Fœtus. Paris, chez Barth. Girin, 1700. *in* 12°, pagg. 215. A la fin, *Replique aux Réponses de M. Mery*, pagg. 75.

ELOGE

DE MONSIEUR TUILLIER.

ADRIEN TUILLIER, fils de M. Tuillier Docteur Regent de la Faculté de Medecine de Paris, né le 10. Janvier 1674, fut destiné d'abord au Barreau, & commença à s'y distinguer dés l'âge de 22 ans; mais une inclination naturelle pour la Physique lui fit quitter cette Profession. Il étudia en Medecine, & fut reçu à 26 ans Docteur Regent, avec applaudissement.

Il entra à l'Academie en 1699, en qualité d'Eleve de M. Bourdelin: & comme M. Lémery succeda à M. Bourdelin dans la place d'Academicien Pensionnaire, il eut aussi M. Tuillier pour Eleve.

En 1702. il fut envoyé pour être Medecin de l'Hôpital de Keyservert; & comme le Siege de cette Place fut fort long par la vigoureuse défense de M. le Marquis de Blainville, M. Tuillier eut tant de malades & de blessés à voir, qu'il succomba à la fatigue, & mourut le 2. Juin d'une fiévre continuë maligne.

ELOGE DE MONSIEUR VIVIANI.

VINCENZIO VIVIANI, Gentilhomme Florentin, nâquit à Florence le 5. Avril 1622. A l'âge de 16 ans, son Maître de Logique, qui étoit un Religieux, lui dît qu'il n'y avoit point de meilleure Logique que la Geometrie ; & comme les Geometres qui encore aujourd'hui ne sont pas fort communs, l'étoient beaucoup moins en ce temps-là, il n'y avoit alors dans la Toscane qu'un seul Maître de Mathematique, qui étoit encore un Religieux, sous lequel

M. Viviani commença à étudier.

Le grand Galilée étoit alors fort âgé, & il avoit perdu, selon sa propre expression, *ces yeux qui avoient découvert un nouveau Ciel.* Il n'avoit pas cependant abandonné l'étude; ni son goût, ni ses étonnans succés ne lui permettoient de l'abandonner. Il lui falloit auprés de lui quelques jeunes gens, qui lui tinssent lieu de ses yeux, & qu'il eût le plaisir de former. M. Viviani à peine avoit étudié la Geometrie un an, qu'il fut digne que Galilée le prît chés lui, & en quelque maniere l'adoptât. Ce fut en 1639.

Prés de trois ans aprés, il prit aussi chés lui le fameux Evangelista Torricelli, & mourut au bout de trois mois âgé de 77 ans; Genie rare, & dont on verra toûjours le nom à la tête de quelques-unes des plus importantes découvertes sur lesquelles soit fondée la Philosophie moderne.

M. Viviani fut donc trois ans avec Galilée, depuis 17 ans jusqu'à 20. Heureusement né pour les Sciences, & plein de cette vigueur d'esprit que donne la premiere jeunesse, il n'est pas étonnant qu'il ait extrêmement profité des leçons d'un si excellent Maître ; mais il l'est beaucoup plus que malgré l'extrême disproportion d'âge, il ait pris pour Galilée une tendresse vive, & une espece de passion. Par tout il se nomme le Disciple, & le dernier Disciple du grand Galilée, car il a beaucoup survêcu à Toricelli son Collegue, jamais il ne met son nom à un titre d'Ouvrage sans l'accompagner de cette qualité, jamais il ne manque une occasion de parler de Galilée, & quelquefois même, ce qui fait encore mieux l'éloge de son cœur, il en parle sans beaucoup de necessité, jamais il ne nomme le nom de Galilée sans lui rendre un hommage; & l'on sent bien que ce n'est point pour s'associer en quelque sorte au merite de ce grand Homme, & en faire rejaillir une partie sur lui; le stile de la tendresse est bien aisé à reconnoître d'avec celui de la vanité.

Aprés la mort de Galilée, il passa encore 2 ou 3 ans dans la Geometrie sans aucune interruption, & ce fut en cet temps-là qu'il forma le dessein de sa *Divination sur Aristée.* Pour entendrece que c'est que cette Divination, il faut un peu remonter à l'hiſtoire des anciens Geometres.

Pappus d'Alexandrie, Mathematicien du temps de Theodoſe, parle en quelques endroits d'un Ariſtée qu'il appelle l'*Ancien*, pour le diſtinguer d'un autre Ariſtée, Geometre auſſi-bien que le premier, mais qui avoit vêcu aprés lui. Ariſtée l'Ancien avoit fait cinq Livres *Des Lieux Solides*, c'eſt à dire, ſelon l'explication de Pappus même, des trois Sections Coniques. Il n'a pû vivre plus tard qu'Euclide dont nous avons les Elemens, & par conſequent il a été environ 300 ans avant Jeſus-Chriſt. Ses cinq Livres ſont entierement perdus.

M. Viviani fort verſé dans la Geometrie des Anciens, & regretant la perte d'un grand nombre de leurs Ouvrages, entreprit à l'âge de 24 ans de la reparer du moins en partie, en se remettant, autant qu'il étoit possible, sur leurs pistes, & en tâchant de deviner ce qu'ils avoient dû nous dire. S'il est jamais permis aux Hommes de deviner, c'est en cette matiere, où, si l'on n'est pas sûr de retrouver precisément ce qu'on cherche, on l'est du moins de ne rien trouver de contraire, & de trouver toûjours l'équivalent.

Lorsque M. Viviani travailloit à tirer de son propre fonds les cinq Livres d'Aristée sur les Lieux Solides, ou Sections Coniques, un grand nombre de choses differentes le traverserent, soins & affaires domestiques, maladies, Ouvrages publics, où il fut employé par les Princes de Medicis, de qui son merite étoit déja connu,

connu, & même récompensé.

Il fut 15 ans entiers, sans jouïr de cette tranquillité si necessaire pour de grandes études. Cependant la Geometrie, qui n'a pas coûtume de laisser en paix ceux dont elle a une fois pris possession, le poursuivit au milieu de tant de distractions differentes; il lui donnoit tous les momens qu'il avoit pour respirer, & il concût alors le dessein d'un Ouvrage, où il s'agissoit de deviner encore.

Apollonius Pergæus, ainsi nommé d'une Ville de Pamphilie, & qui vivoit quelque 250 ans avant Jesus-Christ, avoit ramassé sur les Sections Coniques, tout ce qu'avoient fait avant lui Aristée, Eudoxe de Cnide, Menœchme, Euclide, Conon, Trasidée, Nicotele. Ce fut lui qui donna le premier aux trois Sections Coniques les noms de Parabole, d'Hiperbole & d'Ellipse, qui non seulement les distinguent, mais les caracterisent. Il avoit fait 8 Livres, qui parvinrent entiers jusqu'au temps de Pappus d'Alexandrie. Pappus composa une espece d'introduction à cet Ouvrage, & donna les Lemmes necessaires pour l'entendre. Depuis, les 4 derniers Livres d'Apollonius ont peri.

Il paroît par l'Epître d'Apollonius à Eudemus, & par Eutocius Ascalonite, Auteur plus jeune que Pappus, que dans le 5e Livre des Coniques d'Apollonius, il étoit traité des plus grandes, & plus petites lignes droites, qui se terminassent aux circonferences des Sections Coniques, c'est ce qu'on appelle presentement des Questions *de Maximis & Minimis.*

M. Viviani laissant Aristée pour quelque temps, songea à restituer de la même matiere le 5e. Livre d'Apollonius, & s'y occupa dans ses 15 années de distraction.

En 1658. le fameux Jean Alphonse Borelli, Auteur de l'excellent Livre *De Motu Animalium*, passant par Florence, trouva dans la Bibliotheque de Medicis un Manuscrit Arabe, avec cette inscription Latine, *Apollonii Pergæi Conicorum Libri octo.* Il jugea par toutes les marques exterieures qu'il put rassembler, que ce devoient être effectivement les huit Livres d'Apollonius en leur entier, & le Grand Duc lui permit de porter ce Manuscrit à Rome pour le faire traduire par Abraham Ecchellensis Maronite, Professeur aux Langues Orientales.

Sur cela, M. Viviani qui ne vouloit pas perdre le fruit de tout ce qu'il avoit préparé pour sa Divination sur le 5e Livre d'Apollonius, prit toutes les mesures necessaires pour bien établir qu'il n'avoit fait effectivement que deviner. Il se fit donner des attestations authentiques qu'il n'entendoit point l'Arabe, & pour plus de sûreté, qu'il n'avoit jamais vû le Manuscrit, il obtint du Prince Leopold frere du Grand Duc Ferdinand II. la grace qu'il lui paraphât de sa propre main ses papiers en l'état où ils se trouvoient alors, il ne voulut point que M. Borelli lui mandât jamais rien de ce qu'Ecchellensis auroit pû découvrir en traduisant, & enfin il se hâta de deviner, & imprima son Ouvrage en 1659. sous ce titre, *De Maximis & Minimis Geometrica Divinatio in 5um Conicorum Apollonii Pergæi adhuc desideratum.* C'est-là le premier qui ait paru de lui.

Pendant ce temps-là, Abraham Ecchellensis, qui ne sçavoit point de Geometrie, aidé par Borelli, grand Geometre, qui ne sçavoit point d'Arabe, travailloit à traduire la Traduction Arabe d'Apollonius. Il se trouva qu'elle avoit été faite par un Auteur nommé Abalphath, qui vivoit à la fin du dixiéme Siecle. Il manquoit le 8e Livre d'Apollonius entier, quoiqu'en dist l'inscription Latine.

En 1661. Ecchellensis donna sa Traduction du 5, du 6, & du 7.

On compara donc alors la Divination de M. Viviani avec la verité, & l'on trouva qu'il avoit plus que deviné, c'est à dire, qu'il avoit été beaucoup plus loin qu'Apollonius sur la même matiere.

Aprés un évenement si singulier & si heureux, il fut engagé dans une occupation d'une espece toute différente, & où cependant sa destinée voulut qu'il fût encore question de continuer les travaux des Anciens.

Tacite rapporte dans le 1 Livre de ses Annales, qu'aprés un débordement du Tibre qui avoit fait du ravage dans Rome sous Tibere, le Senat chercha les moyens de s'en garentir à l'avenir. Celui qui se presentoit le plus naturellement, étoit de détourner les Rivieres & les Lacs qui tombent dans le Tibre. Mais entre toutes les autres Rivieres, la plus aisée à détourner étoit le Clanis, appellé maintenant *la Chiana*; car entre les Montagnes de la Toscane, il se forme dans une longue plaine un grand Lac, que la Chiana traverse, & où ses eaux sont tellement en équilibre, qu'elles n'ont pas plus de pente pour couler du côté d'Orient dans le Tibre, que du côté d'Occident dans l'Arne, qui passe à Florence, de sorte qu'elle coule de l'un & de l'autre côté. Elle contribuë beaucoup aux inondations, tant du Tibre que de l'Arne. On pouvoit donc en la détournant entierement dans l'Arne, ôter au Tibre une des causes de ses débordemens, mais on eût sauvé Rome aux dépens de Florence; & quoique cette

Ville ne fût alors qu'une Colonie peu considerable, elle fit au Senat des remontrances qui furent écoutées. Les Habitans de quelques autres Villes d'Italie, menacés du même malheur, en firent aussi, & chercherent si soigneusement toutes les raisons qui pouvoient leur être favorables, qu'ils representerent & la diminution de la gloire du Tibre, qui auroit moins de Fleuves tributaires, & le respect dû aux limites établies par la nature, & le renversement de la religion de plusieurs Peuples, qui ne trouveroient plus dans leur Pays des Fleuves, à qui ils rendoient un culte. Les Romains se déterminerent alors à laisser les choses comme elles étoient; mais depuis ils bâtirent une grosse muraille, qui ferme d'une Montagne

gne à l'autre la Vallée par où passe la Chiana pour se jetter dans le Tibre, & ils laisserent au milieu une ouverture pour regler la quantité d'eau qu'ils vouloient bien recevoir. Cette muraille se voit encore aujourd'hui.

Les contestations sur le cours de la Chiana se renouvellerent entre Rome & Florence sous le Pontificat d'Alexandre VII. Le Pape & le grand Duc convinrent de nommer des Commissaires. Le Pape nomma le Cardinal Carpegne, qui devoit être aidé de M. Cassini, aujourd'hui membre de l'Academie des Sciences, & le grand Duc nomma le Senateur Michelozzi & M. Viviani. La Politique eut alors un besoin indispensable du secours de la Geometrie.

Ils reglerent en 1664 & en 1665

tant ce qu'il y avoit à faire de part & d'autre, que la maniere de l'executer. Mais, comme il arrive assés souvent dans ce qui ne regarde que le Public, on n'alla pas plus loin que le Projet.

Ce Reglement des Rivieres de la Toscane n'étoit pas une occupation suffisante pour deux Hommes tels que Mrs Cassini & Viviani. Ils firent en même temps des observations sur les Insectes qui se trouvent dans les Galles, & dans les Nœuds des Chesnes, sur des Coquillages de Mer en partie petrifiés & en partie dans leur état naturel, qu'ils déterrerent dans les Montagnes de ce Pays-là; ils pousserent même leur curiosité jusqu'à des Antiquités que les observateurs de la Nature, assés occupés d'ailleurs, dédaignent quelquefois comme des effets trop incertains & trop casuels du caprice des Hommes, ils tirerent de la terre beaucoup d'Urnes sepulchrales, & des Inscriptions Hetrusques. Mais ce qu'il y eut de plus considerable, ce fut qu'en ce même lieu M. Cassini fit voir à M. Viviani les Eclipses de Soleil dans Jupiter causées par les Satellites, & qu'il en dressa des Tables & des Ephemerides. Le Disciple de Galilée eut le plaisir d'être témoin des progrés qu'on faisoit en suivant les pas de son Maître.

En ce temps-là il arriva à M. Viviani ce qui doit l'avoir le plus flatté en toute sa vie, il reçut une pension du Roi en 1664, d'un Prince dont il n'étoit point sujet, & à qui il étoit inutile. Si ces circonstances relevent le merite de M. Viviani, elles relevent encore plus la magnificence du Roi, & ſon amour pour les Lettres.

Auſſi-tôt M. Viviani reſolut de dédier au Roi le Traité qu'il avoit autrefois medité ſur les Lieux ſolides d'Ariſtée, & pour lequel ce qu'il avoit déja fait ſur Apollonius lui donnoit de grandes ouvertures. Du caractere dont il étoit, une prompte execution de cet ancien deſſein devenoit pour lui un devoir. Cependant il fut détourné indiſpenſablement par des Ouvrages publics, & même par des negociations que ſon Maître lui confia. En 1666 il fut honoré par le grand Duc Ferdinand II du titre de premier Mathematicien de S. A. Titre d'autant plus glorieux que Galilée l'avoit porté. Enfin en 1673 il commença à imprimer ſon Ariſtée, mais les Ouvrages publics, & de plus des infirmités

& des maladies, le traverſerent encore, & lui firent abandonner ſon impreſſion.

L'année ſuivante lui fit naître une diſtraction nouvelle, dont il ne lui étoit pas poſſible de ſe défendre. Il s'agiſſoit de la Memoire du grand Galilée, dont on avoit trouvé quelques Ecrits poſthumes, & principalement un Traité des Proportions pour éclaicir le 5ᵉ Livre d'Euclide, qui ne paroît pas s'être expliqué aſſés nettement ſur ce ſujet. M. Viviani en fit imprimer un petit in Quarto, ſous ce Titre, *Quinto Libro degli Elementi d'Euclide, overo Scienza univerſale delle Proporzioni, ſpiegata colla dottrina del Galileo.* 1674. Cet ouvrage de Geometrie eſt principalement conſiderable par les ſentimens de ſon cœur, qu'il y a répandus en tous lieux.

En 1676, il parut dans le Journal de France Trois Problêmes proposés par M. de Comiers, Prevôt de l'Eglise Collegiale de Ternant. Ils tomberent l'année suivante entre les mains de M. Viviani. Les deux premiers avoient rapport à la Trisection de l'angle, Problême fameux chés les Anciens, & qui les a beaucoup exercés. M. Viviani qui avoit des methodes nouvelles pour cette Trisection, fut tenté de les mettre au jour, en donnant la Solution des Problêmes de M. de Comiers. De plus il lui restoit encore un devoir d'amitié & de reconnoissance à remplir. Il avoit de grandes obligations au celebre M. Chapelain, il lui avoit autrefois promis de lui dédier quelque ouvrage, & quoique M. Chapelain fût mort depuis, M. Viviani ne se croyoit pas dégagé. Il dédia donc à la Memoire de son Ami son *Enodatio Problematum universis Geometris propositorum à Cl. Claudio Comiers* 1677. Il dit dans son Epître dédicatoire, qu'il aime mieux risquer une chose nouvelle & bisarre en apparence, que de manquer à l'amitié, & à sa parole, & qu'au lieu d'enfermer des dons & des offrandes dans le Tombeau de M. Chapelain, il les répand dans l'Univers, où sa gloire a tant éclaté. Il resout en differentes manieres les trois Problêmes de M. Comiers, les éleve toujours ensuite à une plus grande universalité, & par tout il fait paroître beaucoup de richesse, & d'abondance geometrique.

Par le chagrin avec lequel il parle dans sa Préface, de ces Problêmes ainsi proposés aux Geometres, il est aisé de conjecturer que ceux-ci l'avoient détourné de quelque occupation plus importante. Il nomme plusieurs Mathematiciens illustres qui ont marqué beaucoup de dégoût pour ces Enigmes. Galilée même lui avoit conseillé de ne se livrer jamais à ces sortes de supplices. Il est vrai que sans se servir de la raison de M. Hudde qui disoit que la Geometrie, Fille ou Mere de la Verité, étoit libre & non pas esclave, on peut dire avec moins d'esprit, & peut-être plus de solidité, que ceux qui proposent ces Questions, ont du moins l'avantage d'avoir toutes leurs pensées tournées de ce côté-là, & souvent le bonheur d'en avoir trouvé le dénouëment par hasard. Mais il est vrai aussi que cette raiſon ne va qu'à excuſer ceux qui ne voudront pas s'appliquer à ces Problêmes, ou tout au plus ceux qui ne les pourront reſoudre, mais non pas à diminuer la gloire de ceux qui les reſoudront.

Aprés les trois Problêmes de M. de Comiers, M. Viviani en reſout encore un, qui venoit alors d'être propoſé par un Inconnu. Mais il ne le reſout que pour combler la meſure, & pour être en état de declarer plus noblement, qu'il renonce pour jamais à ce metier-là.

Cependant il paroît qu'il avoit eu cette eſpece d'injuſtice de ne renoncer qu'à ſe laiſſer tourmenter par les autres, & non pas à les tourmenter lui-même. En 1692, il propoſa dans les Actes de Leipſic, un Problême qui conſiſtoit à *trouver l'art de percer une Voute hemisspherique de 4. fenêtre, telles que le reste de la Voute fût absolument quarrable.* Le Problême venoit *A. D. Pio Lisci pusillo Geometra*, qui étoit l'Anagramme de *Postremo Galilei Discipulo*, & il marquoit qu'on attendoit cette Solution de la *Science secrete des illustres Analistes du temps.* Ce qu'il entendoit par cette Science secrete, étoit sans doute la Geometrie des Infiniment petits, ou le Calcul differentiel, qu'à peine connoissoit-on de reputation en Italie.

Le Problême de M. Viviani fut en effet bien-tôt expedié par cette Methode. M. Leibnits le resolut le même jour qu'il le vit, & le donna dans les Actes de Leipsic en une infinité de manieres, aussi-bien que M. Bernoulli de Bâle. Le nom de M. le Marquis de l'Hôpital ne parut point alors dans les Actes, parce que la guerre l'avoit empêché de recevoir ce Journal. Mais M. l'Envoyé de Florence à Paris lui ayant proposé cette Enigme qui étoit sur une feüille volante, M. de l'Hôpital lui en donna aussi-tôt trois solutions, & lui en auroit donné une infinité d'autres, sans la trop grande facilité qu'il y trouva. Il paroît que ceux qui étoient dans l'ancienne Geometrie, quelque profonds qu'ils y fussent, n'étoient pas destinés à faire beaucoup de peine par leurs Questions aux Geometres du Calcul differentiel.

Ce Problême de la Voute quarrable faisoit partie d'un Ouvrage que M. Viviani donna la même année 1692, intitulé, *La Struttura, & Quadratura esatta dell'in-*

tero, e delle parti d'un nuovo Cielo ammirabile, ed uno degli antichi, delle volte regolari degli Architetti. Il y traite tant en Geometre, qu'en Architecte, des Voutes anciennes des Romains, & d'une Voute nouvelle qu'il avoit inventée, & qu'il nommoit *Florentine.* Il avoit souvent rappellé la Geometrie à l'usage des Arts, & il en préferoit l'utilité à une excessive sublimité.

Il ne regardoit que comme des distractions importunes tout ce qui l'empêchoit de songer à l'Aristée qu'il destinoit au Roi, dont il recevoit toûjours des bienfaits, & les bienfaits les plus glorieux qu'il reçût. En 1699. il en reçut encore un qui mit le comble à sa reconnoissance. S. M. l'agréa pour l'un des 8 Associés Etrangers de l'Academie, selon le Reglement qui venoit d'être donné. Il sentit bien & par le merite & par le petit nombre de ses Collegues de quel prix étoit cette place, & il en reprit avec plus de vivacité, comme il l'a declaré lui-même, sa Divination sur Aristée. Enfin il en publia trois Livres en 1701, & les dédia au Roi par une Inscription en stile lapidaire, où les François ont le plaisir de voir un Etranger parler comme eux. Cet ouvrage est plein de recherches fort profondes sur les Coniques, & apparemment il seroit à souhaiter pour son honneur qu'Aristée pût ressusciter, comme fit Apollonius.

M. Viviani n'avoit pas crû que par ce Traité adressé au Roi, il pût satisfaire à ce qu'il lui devoit. De la pension qu'il recevoit de S. M. il en avoit acheté à Florence une Maiſon, qu'il avoit fait rebâtir ſur un deſſein trés agréable, & auſſi magnifique qu'il pouvoit convenir à un Particulier. Cette maiſon s'appelle *Ædes à Deo datæ*, & porte ce titre ſur ſon Frontiſpice, alluſion heureuſe & au premier nom qu'on a donné au Roi, & à la maniere dont elle a été acquiſe. Une reconnoiſſance ingenieuſe & difficile à contenter, n'a pû rien imaginer de plus nouveau & de plus noble qu'un pareil Monument. M. Viviani ſi digne par ſon ſçavoir & par ſes talens de recevoir les bienfaits du Roi, s'en rendoit encore plus digne par l'uſage qu'il en faiſoit aprés les avoir reçûs.

Galilée n'a pas été oublié dans le Plan de cette Maiſon. Son Buſte eſt ſur la Porte, & ſon Eloge ou plûtôt toute l'Hiſtoire de ſa Vie, dans des Places menagées exprés, & M. Viviani pour répandre dans le monde un Monument, qui de lui-même n'étoit que durable, en a fait faire des Eſtampes qu'il a miſes à la fin de ſa Divination ſur Ariſtée.

La Préface de ce Livre eſt encore pleine, ou de ſa reconnoiſſance pour differentes perſonnes, ou de la juſtice qu'il rend à tous les grands Geometres de ce Siecle, & qu'il leur rend, pour ainſi dire, du fond de ſon cœur. Il parle avec beaucoup d'éloges des Abbés Gradi & de Angelis, de Mrs Sluſe, Huguens, Wallis, David Gregori, ſur tout de M. Leibnits, qu'il appelle *Phénix des Eſprits, & pour tout dire, ſecond Galilée, dont il apprend que les découvertes preſque divines ont beaucoup ſervi à l'illuſtre Marquis de l'Hô-*

pital, son ami, à Mrs Bernoulli, & à plusieurs autres grands hommes. Il est facile de juger qu'avec de pareilles dispositions, quoiqu'il eût été nourri dans l'ancienne Geometrie, & qu'il fût d'un Pays si plein d'esprit, il auroit reçû sans répugnance, s'il eût vêcu plus long-temps, la nouvelle Geometrie du Septentrion, & l'on peut regreter que ces lumieres si dignes de son genie, ne soient pas parvenuës jusqu'à lui.

Sa Divination sur Aristée a été son dernier ouvrage. Il mourut le 22. Septembre 1703, âgé de plus de 81 an, aprés avoir marqué tous les sentimens d'une sincere pieté.

Il avoit cette innocence & cette simplicité de mœurs que l'on conserve ordinairement, quand on a moins de commerce avec les

les Hommes, qu'avec les Livres, & il n'avoit point cette rudesse, & une certaine fierté sauvage que donne assés souvent le commerce des Livres sans celui des Hommes. Il étoit affable, modeste, ami sûr & fidelle, &, ce qui renferme beaucoup de vertus en une seule, reconnoissant au souverain degré. Il est vrai que le caractere général de sa Nation peut lui dérober une partie de cette gloire, les Italiens conservent le souvenir des bienfaits, & pour tout dire aussi, celui des offenses, plus profondément que d'autres Peuples qui ne sont guere susceptibles que d'impressions plus legeres, mais la reconnoissance que M. Viviani a fait éclater en toutes occasions pour tous ses bienfaicteurs, a été regardée comme extraordinaire, & s'est attiré de l'admiration, même en Italie.

CATALOGUE des Ouvrages de Monsieur VIVIANI.

De Maximis & Minimis Geometrica Divinatio in 5um librum Conicorum Appollonii Pergæi adhuc desideratum. Florentiæ. 1659. *in* fol.

Quinto Libro degli Elementi d'Euclide, overo scienza universale delle Proporzioni, spiegata colla dottrina del Galileo. *in Firenze.* 1699. *in* 4°.

Enodatio Problematum universis Geometris propositorum à Cl. D. Claudio Comiers Ebrodunensis Eccles. Colleg. de Ternant Præposito. Florentiæ 1679. *in* 4°.

La Struttura, & Quadratura esatta dell'intero, & delle parti d'un nuovo Ciclo ammirabile, ed uno degli antichi, delle volte regolari degli Architetti. in Firenze 1692. *in* 4°.

De Locis Solidis secunda Divinatio Geometrica in quinque Libros injuria temporum amissos Aristæi Senioris Geometræ. Opus Conicum continens Elementa Tractatuum ejusdem Viviani, quibus tunc ipse multa, maxima, & abdita in Mathesi Theoremata demonstrare cogitaverat. Elaboratum anno 1646. *Impressum Florentiæ ab Hippolito Navesi anno* 1673. *Addendis auctum, & in lucem prolatum anno* 1701. Florentiæ. Typis Regiæ Celsitudinis apud Petrum Antonium Brigonci, in folio, pagg. 292.

ELOGE

DE M. LE MARQUIS DE L'HÔPITAL.

GUILLAUME François de l'Hôpital, Chevalier, Marquis de Sainte Mesme, Comte d'Entremont, Seigneur d'Ouques, la Chaise, le Bréau & autres Lieux, nâquit en 1661 d'Anne de l'Hôpital Lieutenant général des Armées du Roi, premier Ecuyer de feu S. A. R. Monsieur Gaston Duc d'Orleans, & d'Elisabeth Gobelin fille de Claude Gobelin Intendant des Armées du Roi, & Conseiller d'Etat Ordinaire.

La Maison de l'Hôpital a eu

deux Branches, l'aînée dont étoit M. le Marquis de l'Hôpital a joint au nom de l'Hôpital celui de Sainte Mesme, & la cadette qui est presentement éteinte a produit deux Maréchaux de France, & les Ducs de Vitri. Toutes deux avoient pour tige commune Adrien de l'Hôpital, Chambellan du Roi Charles VIII, Capitaine de Cent hommes d'armes, & Lieutenant général en Bretagne, qui commanda l'avant-garde de l'Armée Royale à la Bataille de S. Aubin en 1488.

M. le Marquis de l'Hôpital, que l'Academie des Sciences a perdu, étant encore enfant, eut un Précepteur, qui voulut apprendre les Mathematiques dans les heures de loisir que son emploi lui laissoit. Le jeune Ecolier qui avoit peu de goût, & même, à ce qu'il paroissoit, peu de disposition pour le Latin, eut à peine apperçu dans des Elemens de Geometrie des Cercles & des Triangles, que l'inclination naturelle, qui annonce presque toûjours les grands talents, se déclara ; il se mit à étudier avec passion ce qui auroit épouvanté tout autre que lui à la premiere vûë. Il eut ensuite un autre Précepteur, qui fut obligé par son exemple à se mettre dans la Geometrie, mais quoiqu'il fût homme d'esprit & appliqué, son Eleve le laissoit toûjours bien loin derriere lui. Ce que l'on n'obtient que par le travail n'égale point les faveurs gratuites de la nature.

Un jour M. le Marquis de l'Hôpital n'ayant encore que 15 ans, se trouva chés M. le Duc de Roannés, où d'habiles Geometres, & entre autres M. Arnaud, parlerent d'un Problême de M. Paſchal ſur la Roulette, qui paroiſſoit fort difficile. Le jeune Mathematicien dit qu'il ne deſeſperoit pas de le pouvoir reſoudre. A peine trouva-t-on que cette préſomption & cette temerité puſſent être pardonnées à ſon âge. Cependant peu de jours aprés il leur envoya le Problême reſolu.

Il entra dans le ſervice, mais ſans renoncer à ſa plus chere paſſion. Il étudioit la Geometrie juſque dans ſa Tente, ce n'étoit pas ſeulement pour étudier qu'il s'y retiroit, c'étoit auſſi pour cacher ſon application à l'étude. Car il faut avoüer que la Nation Françoiſe auſſi polie qu'aucune Nation, eſt encore dans cette eſpece de barbarie, qu'elle doute si les Sciences poussées à une certaine perfection ne dérogent point, & s'il n'est point plus noble de ne rien sçavoir. Il eut si bien l'art de renfermer ses talents, & d'être ignorant par bienséance, que tant qu'il fut dans le métier de la guerre, les gens les plus pénétrants sur les défauts d'autrui ne le soupçonnerent jamais d'être un grand Geometre, & j'ai vû moi-même quelques-uns de ceux qui avoient servi en même temps, fort étonnés de ce qu'un homme qui avoit vêcu comme eux, & avec eux, se trouvoit être un des premiers Mathematiciens de l'Europe.

Il fut Capitaine de Cavalerie dans le Regiment Colonel général, mais la foiblesse de sa vûë qui étoit si courte qu'il ne voyoit pas à dix pas, lui causant dans le ſervice des inconveniens perpetuels, qu'il avoient long-temps, & inutilement tâché de ſurmonter, il fut enfin obligé de ſe rendre, & quitter un métier où il pouvoit eſperer d'égaler ſes Ancêtres.

Dés que la guerre ne le partagea plus, les Mathematiques en profiterent. Il jugea par le Livre de la Recherche de la Verité que ſon Auteur devoit être un excellent Guide dans les Sciences, il prit ſes conſeils, s'en ſervit utilement, & ſe lia avec lui d'une amitié qui a duré juſqu'à la mort. Bien-tôt ſon ſçavoir vint au point de ne pouvoir plus être caché; il n'avoit que 32 ans, lorſque des Problêmes, tirés de la plus ſublime Geometrie, choiſis avec grand ſoin pour leur difficulté, & propoſés à tous les Geometres dans les Actes de Leipsic, lui arracherent son secret, & le forcerent d'avoüer au Public qu'il étoit capable de les resoudre.

Le premier fut celui-ci proposé en 1693. par M. Bernoulli Professeur en Mathematique à Groningue. *Trouver une Courbe telle que toutes ses Tangentes terminées à l'Axe, soient toûjours en raison donnée avec les parties de l'axe interceptées entre la Courbe & ces Tangentes.* Il ne fut resolu que par M. Leibnits en Allemagne, par M. Bernoulli en Suisse, frere de celui qui l'avoit proposé, par M. Huguens en Hollande, & par M. de l'Hôpital en France.

M. Huguens avouë dans les Actes de Leipsic que la difficulté du Problême l'avoit fait d'abord resoudre à n'y point penser, mais qu'une Question si nouvelle avoit troublé son répos malgré lui, l'avoit persecuté sans relâche, & qu'enfin il n'avoit pû y resister. On jugera aisément de quel genre pouvoit être en matiere de Geometrie, ce qui paroissoit si difficile à M. Huguens.

Tous ceux qui sçavent au moins les Nouvelles des Sciences, ont entendu parler du celebre Problême de *la plus vite Descente.* M. Bernoulli de Groningue avoit demandé dans les Actes de Leipsic, *supposé qu'un corps pesant tombât obliquement à l'Horison, quelle étoit la ligne Courbe qu'il devoit décrire pour tomber le plus vite qu'il fût possilbe?* Car, comme il a été dit dans l'Histoire de l'Academie des Sciences de 1699, *p.* 67. ce Paradoxe assés étonnant étoit démontré, Que la ligne droite quoique la plus courte de toutes les lignes qui pouvoient être tirées entre les deux points donnés, n'étoit point le chemin que le Corps devoit tenir pour tomber en moins de temps. Il étoit certain d'ailleurs que la Courbe en question n'étoit point un Cercle, comme Galilée l'avoit crû, & la méprise d'un si grand homme peut servir à faire sentir la difficulté du Problême. M. Bernoulli proposa cette Enigme au mois de Juin 1696, & donna à tous les Mathematiciens de l'Europe le reste de l'année pour y penser. Il vit que ces six mois n'étoient pas suffisans, il accorda encore les quatre premiers de 1697, & dans ces dix mois, il ne parut que quatre Solutions. Elles étoient de M. Neuton, de M. Leibnits, de M. Bernoulli de Basle, & de M. le M. de l'Hôpital. L'Angleterre, l'Allemagne, la Suisse, & la France fournirent chacune un Geometre pour ce Problême.

On trouve ces mêmes noms à la tête de quelques solutions semblables dans les Actes de Leipsic, & ils y semblent être en possession des connoissances les plus rares, & les plus élevées.

On a même rapporté dans l'Hist. de 1700. *p.* 78. un Problême proposé, comme presque tous les autres, par M. Bernoulli de Groningue, & qui n'a été resolu que par M. de l'Hôpital. Il s'agissoit de *Trouver dans un plan vertical une Courbe telle qu'un Corps qui la décriroit, descendant librement, & par son propre poids, la pressat toûjours dans chacun de ses points avec une force égale à sa pesanteur absoluë*. On a tâché de faire sentir alors les differens embarras de ce Problême, c'eſt à dire ſa beauté. Les Geometres d'aujourd'hui ne ſont pas aiſés à contenter ſur les difficultés, & ce qui a fait ſortir Archimede du Bain pour crier par les ruës de Siracuſe, *Je l'ai trouvé*, ne ſeroit pas pour eux une découverte bien glorieuſe.

L'Hiſt. de l'Academie de 1699 *p.* 95 a parlé encore d'une Solution de M. le Marquis de l'Hôpital, où peu d'autres auroient pû atteindre : M. Neuton dans ſon excellent Livre des *Principes Mathematiques de la Philoſophie naturelle* a donné la *figure du Solide qui fendroit l'eau, ou tout autre liquide avec le moins de difficulté qu'il fût poſſible*. Mais il n'a point laiſſé voir par quel art ni par quelle route il eſt arrivé à determiner cette figure. Son ſecret lui a paru digne d'être caché au Public. M. Fatio, Geometre fameux, se piqua de le découvrir, & il en envoya à M. de l'Hôpital une Analise imprimée. Elle contenoit 5. grandes pages in 4°. presque toutes de calcul. M. de l'Hôpital effrayé de la longueur & paresseux d'une maniere nouvelle, crut qu'il auroit plûtôt fait de chercher lui-même cette solution. Il l'eut effectivement trouvée au bout de deux jours, & elle étoit simple & naturelle. C'étoit-là un de ses grands talens. Il n'alloit pas seulement à la Verité, quelque cachée qu'elle fût, il y alloit par le chemin le plus court. Une espece de fatalité veut qu'en tout genre les methodes ou les idées les plus naturelles, ne soient pas celles qui se presentent le plus naturellement. On se met presque toûjours en trop grands frais pour les recherches qu'on a entreprises, & il y a peu de genies, heureusement avares, qui n'y fassent que la dépense absolument necessaire. Ce n'est pas qu'il ne faille de la richesse & de l'abondance pour fournir aux dépenses inutiles, mais il y a plus d'art à les éviter, & même plus de veritable richesse.

Il seroit trop long de rapporter ici tous les Chœf-d'œuvres de Geometrie dont M. de l'Hôpital, & le petit nombre de ses pareils ont embelli les Journaux ou d'Allemagne, ou de France. On soupçonnera sans doute que pour entrer dans ces Questions qui leur étoient reservées, ils devoient, avoir, outre leur genie naturel, quelque Clé particuliere, qui ne fût qu'entre leurs mains. Ils en avoient une en effet, & c'étoit la Geometrie des Infiniment petits, ou du Calcul Differentiel, inventée par M. Leibnits, & en même temps aussi par M. Neuton, & toûjours ensuite perfectionnée & par eux, & par Mrs Bernoulli, & par M. de l'Hôpital.

L'illustre M. Huguens qui n'étoit point l'inventeur du Calcul differentiel, comme M. Leibnits, qui ne l'avoit point employé dans toutes ses études geometriques, comme M. de l'Hôpital, & Mrs Bernoulli, qui étoit parvenu sans ce secours à des Theories trés-élevées, & s'étoit fait une reputation des plus brillantes, qui pouvoit, à la maniere des autres hommes, & peut-être plus legitimement, mépriser ce qu'il ne connoissoit point, & traiter d'inutile ce qui ne lui avoit pas été neceſſaire pour ces grands Ouvrages, avoit jugé cependant & par le merite de ceux qui employoient cette Methode, & par les miracles qu'il en voyoit ſortir, qu'elle étoit digne qu'il l'étudiât; il avoit été aſſés grand homme pour avoüer qu'il pouvoit encore apprendre quelque choſe en Geometrie, il s'étoit adreſſé à M. de l'Hôpital qui avoit preſque la moitié moins d'âge que lui, pour s'inſtruire du Calcul differentiel, & ſans doute ce trait de la Vie de M. de l'Hôpital eſt encore plus glorieux à M. Huguens qu'à lui.

Ce n'eſt pas que M. Huguens ne connût déja par lui-même le Pays de l'Infini, où l'on eſt conduit à chaque moment par le Calcul differentiel, il avoit été obligé de penetter jusque-là dans quelques unes de ses plus subtiles recherches, sur tout dans celles qu'il avoit faites pour l'invention immortelle de la Pendule; car la fine Geometrie ne peut aller loin sans percer dans l'infini. Mais il y a bien de la difference entre sçavoir en général la Carte d'un Pays, ou en connoître en particulier toutes les routes, & jusqu'à ces petits sentiers, qui epargnent tant de peines aux Voyageurs.

M. Huguens étoit alors en Hollande, où il s'étoit retiré aprés avoir quitté Paris, & l'Academie des Sciences, dont il étoit un des principaux ornemens. Il paroît par beaucoup de Lettres de lui qu'on a trouvées dans les papiers de M. de l'Hôpital, & sur tout par celles qui sont des années 1692 & 1693, qu'il consultoit à M. de l'Hôpital ses difficultés sur le Calcul differentiel : que quand quelque chose l'arrêtoit, il ne s'en prenoit pas à la Methode, mais à ce qu'il ne la possedoit pas assés, *qu'il voyoit avec surprise & avec admiration l'étenduë & la fecondité de cet Art, que de quelque costé qu'il tournât sa veuë, il en découvroit de nouveaux usages, qu'enfin*, ce sont ses termes, *il y concevoit un progrés & une speculation infinie.* Il a même déclaré publiquement dans les Actes de Leipsic, que sans une *Equation differentielle* il ne seroit pas venu à bout de trouver la Courbe dont les Tangentes, & les parties de l'axe sont toûjours en raison donnée, *Et même*, ajoûte-t-il dans les mêmes Actes, *il faut remarquer dans ce Problême une Analise nouvelle & singuliere qui ouvre le chemin à quantité de choses sur la Theorie des Tangentes, comme l'a trés-bien observé l'illustre inventeur d'un Calcul, sans lequel nous aurions bien de la peine à être admis dans une si profonde Geometrie.* Il écrivit en même temps à M. de l'Hôpital qu'il devoit à ses *enseignemens* cette Equation differentielle qui lui avoit donné le dénoüement du Problême.

Jusque-là, la Geometrie des Infiniment petits n'étoit encore qu'une espece de Mistere, &, pour ainsi dire, une Science Cabalistique renfermée entre cinq, ou six personnes. Souvent on donnoit dans les Journaux les Solutions sans laisser paroître la Methode qui les avoit produites, & lors même qu'on la découvroit, ce n'étoient que quelques foibles rayons de cette Science qui s'échapoient, & les nuages se refermoient aussi-tôt. Le Public, ou, pour mieux dire, le petit nombre de ceux qui aspiroient à la haute Geometrie, étoient frapés d'une admiration inutile qui ne les éclairoit point, & l'on trouvoit moyen de s'attirer leurs applaudissemens, en retenant l'instruction dont on auroit dû les payer.

M. de l'Hôpital resolut de communiquer sans reserve les tresors cachés de la nouvelle Geometrie, & il le fit dans le fameux Livre de l'*Analise des Infiniment petits*, qu'il publia en 1696. Là, furent dévoilés tous les secrets de l'Infini Geometrique, & de l'Infini de l'Infini, en un mot, de tous ces differens ordres d'Infinis, qui s'élevent les uns au dessus des autres, & forment l'Edifice le plus étonnant & le plus hardi que l'Esprit humain ait jamais osé imaginer.

Comme il y a des rapports déterminés entre les grandeurs finies, qui sont l'unique objet des recherches Mathematiques, & les grandeurs de ces differens ordres d'Infinis, on parvient par la voie de l'infini à des connoissances sur le fini, où ne pouroit jamais atteindre toute autre Methode, qui n'auroit pas l'audace, & en même temps l'adresse de manier l'infini. Le Livre des Infiniment petits fut donc tout brillant de verités inconnuës à la Geometrie ancienne, & non seulement inconnuës, mais souvent inaccessibles à cette Geometrie. Les anciennes verités s'y trouvoient comme perduës dans la foule des nouvelles, & la faciliré avec laquelle on les voyoit naître faisoit regreter les efforts, qu'elles avoient autrefois coûtés à leurs inventeurs. Des Démonstrations qui par d'autres Methodes auroient demandé un circuit immense, en cas qu'elles eussent été possible, ou qui même entre les mains d'un autre Geometre instruit de la même methode, auroient encore été longues & embarrassées, étoient d'une simplicité & d'une brieveté qui les rendoient presque suspectes.

Tel est l'effet des Methodes générales, quand on a une fois sçû les découvrir. On est à la source, & on n'a plus qu'à se laisser aller au cours paisible des consequences. Une seule Regle du Livre de M. l'Hôpital donne les Tangentes de toutes les Courbes imaginables; une autre, toutes les plus grandes

grandes, ou plus petites Appliquées, ou tous les points d'Inflexion, & de Rebrouſſement, ou toutes les Développées, ou toute la Catoptrique à la fois, ou toute la Dioptrique; des Traités entiers faits par de grands Auteurs ſe reduiſent quelquefois à quelques Corollaires, que l'on rencontre en chemin, & qu'on diſtingue à peine dans la multitude; tout ſe rapporte à des eſpeces de Siſtêmes que M. de l'Hôpital a commencé à mettre dans la Geometrie, & qui vont y répandre un nouveau jour.

Il y a, ſur tout en Mathematique, plus de bons Livres, qu'il n'y en a de bien faits, c'eſt à dire qu'on en voit aſſés qui peuvent inſtruire, & peu qui inſtruiſent avec une certaine methode, & , pour ainſi dire, avec un certain agrément. C'est bien assés d'avoir une bonne matiere entre les mains, on se neglige sur la forme. M. de l'Hôpital a donné un Livre aussi bien fait que bon, il a eu l'art de ne faire d'une infinité de choses qu'un assés petit Volume, il y a mis cette brieveté & cette netteté si délicieuses pour l'esprit, l'ordre & la précision des idées l'ont presque dispensé d'employer des paroles, il n'a voulu que faire penser, plus soigneux d'exciter les découvertes d'autrui, que jaloux d'étaler les siennes.

Aussi cet Ouvrage a-t-il été reçû avec un applaudissement universel, car l'applaudissement est universel, quand on peut trés-facilement conter dans toute l'Europe les suffrages qui manquent, & il doit toûjours en manquer quelques-uns aux choses nouvelles, & originales, sur tout quand elles demandent à être bien entenduës. Ceux qui remarquent les évenemens de l'Histoire des Sciences, sçavent avec quelle avidité l'Analise des infiniment petits a été saisie par tous les Geometres naissans, à qui l'ancienne & la nouvelle methode sont indifferentes, & qui n'ont d'autre interest que celui d'être instruits. Comme le dessein de l'Auteur avoit été principalement de faire des Mathematiciens, & de jetter dans les esprits les semences de la haute Geometrie, il a eu le plaisir de voir qu'elles y fructifioient tous les jours, & que des Problêmes reservés autrefois à ceux qui avoient vieilli dans les épines des Mathematiques, devenoient des coups d'essai de jeunes gens. Apparemment la revolution deviendra encore plus grande, & il se seroit trouvé avec le temps autant de Disciples, qu'il y eût eu de Mathematiciens.

Aprés avoir veu l'utilité dont étoit son Livre des Infiniment petits, il s'étoit engagé dans un autre travail aussi propre à faire des Geometres. Il embrassoit dans ce dessein les Sections Coniques, les Lieux geometriques, la Construction des Equations, & une Theorie des Courbes Mechaniques. C'étoit proprement le plan de la Geometrie de M. Descartes, mais plus étendu, & plus complet. Il ne prétendoit pas que cet ouvrage fût aussi original, ni aussi sublime que le premier; il auroit pû tourner ses recherches du côté du Calcul integral, qui suit &

qui suppose le Differentiel, qui a de plus grandes difficultés, & jusqu'à present insurmontables, & qui par là occupe aujourd'hui les plus grands Geometres, & est devenu l'objet de leur ambition, mais il avoit preferé une entreprise dont le Public devoit tirer une instruction plus générale, & plus necessaire, & le Zele de la Geometrie l'avoit emporté sur l'interest de sa gloire. Cependant je suis témoin qu'il ne pouvoit s'empêcher de regretter le Calcul Integral.

Cet ouvrage étoit presque fini, lors qu'au commencement de 1704 il fut attaqué d'une Fiévre qui ne paroissoit pas d'abord aucunement dangereuse, mais comme on vit qu'elle resistoit à tous les differens remedes qu'on employoit on commença à craindre,

& le Malade n'attendit pas un plus peril grand pour songer à la mort. Il s'y disposa d'une maniere trés-édifiante, & enfin il tomba dans une Apoplexie dont il mourut le lendemain 2 Février, âgé de 43 ans.

Quelques-uns ont attribué sa mort aux excés qu'il avoit faits dans les Mathematiques, &, ce qui pourroit le confirmer, j'ai sçû de lui-même que souvent des matinées qu'il avoit destinées à cette étude étoient devenuës des journées entieres sans qu'il s'en apperçût. Il avoit voulu y renoncer par le soin de sa santé, mais il n'avoit jamais pû soûtenir cette privation plus de 4 jours. De plus, il sera assés naturel de croire qu'il avoit dû faire de grands efforts d'esprit, quand on songera à quel point il étoit parvenu à l'âge de 43 ans, & combien de temps dans une vie si courte avoit été perdu pour les Mathematiques. Il avoit servi, il étoit d'une naissance qui l'engageoit à un grand nombre de devoirs, il avoit une Famille, des soins domestiques, un bien trés-considerable à conduire, & par consequent beaucoup d'affaires, il étoit dans le commerce du monde, & il y vivoit à peu prés comme ceux dont cette occupation oisive est la seule occupation, il n'étoit pas même ennemi des plaisirs, voilà bien des distractions, & quelque rare talent qu'on lui suppose pour les Mathematiques, il est impossible qu'une prodigieuse application n'ait suppléé au peu de temps. Cependant il n'a jamais paru que l'étude ait alteré sa santé, il avoit l'air de la meilleure & de la plus ferme constitution qu'on puisse desirer. Il n'étoit nullement sombre, ni réveur, au contraire, assés porté à la joie, & il sembloit n'avoir payé par rien ce grand genie mathematique.

On sentoit dans ses discours les plus ordinaires la justesse, la solidité, en un mot, la Geometrie de son esprit ; il étoit d'un commerce facile, & d'une probité parfaite, ouvert & sincere, convenant de ce qu'il étoit parce qu'il l'étoit, & n'en tirant nul avantage, veritable modestie d'un grand homme, prompt à déclarer qu'il ignoroit, & à recevoir des instructions, même en matiere de Geometrie, s'il lui étoit possible d'en recevoir, nullement jaloux, non par la connoissance de sa superiorité, mais par son équité naturelle, car sans cette équité, ceux qui se croyent & qui sont

ſont même les plus ſuperieurs aux autres, ſont encore jaloux.

Il avoit épouſé Marie Charlotte de Romilley de la Cheſnelaye, Demoiſelle d'une ancienne nobleſſe de Bretagne, & dont il a eu de grands biens. Leur union a été juſqu'au point qu'il lui a fait part de ſon genie pour les Mathematiques. Il en a laiſſé un fils, & trois filles.

CATALOGUE

des Ouvrages de Monſieur le Marquis DE L'HÔPITAL.

ANalyſe des Infiniment Petits, pour l'intelligence des lignes Courbes. Paris, de l'Imprimerie Royale. 1696. in 4°. pagg. 181.

Traité Analytique des Sections Coniques & de leur usage pour la Resolution des Equations dans les Problêmes tant déterminez qu'indéterminez. Ouvrage Posthume de M. le Marquis de l'Hôpital. Paris, chez Jean Boudot. 1707. in 4°. pagg. 459.

ELOGE

DE MONSIEUR BERNOULLI.

JACQUES BERNOULLI nâquit à Basle le 27. Decembre 1654. Il étoit fils de Nicolas Bernoulli encore vivant, qui a des charges considerables dans sa Republique. Un des freres de celui dont nous parlons, est encore plus élevé en dignité que son Pere.

M. Bernoulli reçut l'éducation ordinaire de son temps ; on le destinoit à être Ministre, & on lui apprit du Latin, du Grec, de la Philosophie Scolastique, nulle Geometrie ; mais dés qu'il eût veu par hasard des figures geometriques, il en sentit le charme, si peu sensible pour la plûpart des Esprits. A peine avoit-il quelque Livre de Mathematique, encore n'en pouvoit-il joüir qu'à la dérobée, à plus forte raison il n'avoit pas de Maître, mais son goût, joint à un grand talent, fut son Précepteur. Il alla même jusqu'à l'Astronomie, & comme il avoit toûjours à vaincre l'opposition de son Pere qui avoit d'autres veuës sur lui, il exprima sa situation par une Devise où il representoit Phaëton conduisant le Char du Soleil, avec des mots Latins qui signifioient, *Je suis parmi les Astres malgré mon Pere.*

Il n'avoit que 18 ans, & n'étoit presque encore Mathematicien que par sa violente inclination pour les Mathematiques, lorsqu'il resolut ce Problême Chronologique assez difficile, où les années du Cycle Solaire, du Nombre d'or, & de l'Indiction étant données, il s'agit de trouver l'année de la Periode Julienne.

A 21 ans il se mit à voyager. Etant à Geneve, il apprit à écrire à une fille qui avoit perdu la veuë deux mois aprés sa naissance, & il imagina pour celà un moyen nouveau, parce qu'il avoit reconnu & par raisonnement & par experience l'inutilité de celui que Cardan a proposé. A Bordeaux, il fit des Tables Gnomoniques universelles, qui sont presentement prêtes à imprimer. Aprés avoir veu la France, il revint chés lui en 1680. Là il commença à étudier la Philosophie de Descartes. Cette excellente lecture l'éclaira plus qu'elle ne le persuada, & il tira de ce grand Auteur assés de force pour pouvoir ensuite le combattre lui-même.

Heureusement à la fin de 1680, il parut un Phenomene propre à exercer un Philosophe naissant. C'étoit cette Comete, qui a fait naître des Ouvrages fameux, & entre autres, le premier que M. Bernoulli ait donné au Public. Il l'intitula, *Conamen Novi Systematis Cometarum, pro motu eorum sub calculum revocando, & apparitionibus prædicendis.* Il suppose que les Cometes sont des Satellites d'une même Planete, si élevée au dessus de Saturne, quoique placée dans le Tourbillon du Soleil, qu'elle est toûjours invisible à nos yeux, & que ses Satellites ne deviennent visibles que quand ils sont par rapport à nous dans la partie la plus basse de leur cercle. De-là il conclut que les Cometes sont des Corps éternels, & que leurs retours peuvent être prédits, ce qui est aussi la pensée de M. Cassini. La Comete de 1680 doit selon le Systême & le calcul de M. Bernoulli, reparoître en 1719 le 17 Mai, dans le premier degré 12′ de la Balance. Voilà une prédiction bien hardie par l'exactitude des circonstances.

Ici, je ne puis m'empêcher de rapporter une objection qui lui fut proposée trés-serieusement, & à laquelle il daigne répondre de même, c'est que si les Cometes sont des Astres reglés, ce ne sont donc plus des signes extraordinaires de la colere du Ciel. Il essaye plusieurs réponses differentes, & enfin il en vient jusqu'à dire que la Tête de la Comete qui est éternelle n'est pas un signe, mais que la Queuë en peut être un, parce que, selon lui, elle n'est qu'accidentelle; tant il faloit encore avoir de menagements pour cette opinion populaire, il y a 25 ans. Maintenant on est dispensé de cet égard, c'est-à-dire que le gros du monde est gueri sur le fait des Cometes, & que les fruits de la saine Philosophie se sont répandus de proche en proche. Il seroit assés bon de marquer, quand on le pourroit, l'Epoque de la fin des erreurs qu'elle a détruites.

En 1682 M. Bernoulli publia sa Dissertation *De gravitate Ætheris*. Il n'y traite pas seulement de la pesanteur de l'Air, si incontestable & si sensible par le Barometre, mais principalement de celle de l'Ether, ou d'une matiere beaucoup plus ſubtile que l'Air que nous reſpirons. C'eſt à la peſanteur & à la preſſion de cette matiere qu'il rapporte la Dureté des Corps. Il proteſte dans ſa Préface qu'en imaginant ce Siſtême, il ne ſe ſouvenoit point de l'avoir lû dans le célebre Ouvrage de la *Recherche de la Verité*, & il s'applaudit d'être tombé dans la même penſée que le P. Mallebranche, &, ce qui eſt encore plus remarquable, d'y être arrivé par le même chemin.

Comme l'alliance de la Geometrie & de la Phiſique fait la plus grande utilité de la Geometrie, & toute la ſolidité de la Phiſique, il forma des Aſſemblées & une eſpece d'Academie, où il faiſoit des Experiences qui étoient ou le fondement, ou la preuve des calculs geometriques, & il fut le premier qui établit dans la Ville de Basle cette maniere de philosopher, la seule raisonnable, & qui cependant a tant tardé à paroître.

Il penetroit déja dans la Geometrie la plus abstruse, & la perfectionnoit par ses découvertes, à mesure qu'il l'étudioit, lorsqu'en 1684 la face de la Geometrie changea presque tout à coup. L'Illustre M. Leibnits donna dans les Actes de Leipsic quelques essais de son nouveau Calcul Differentiel, ou des Infiniment petits, dont il cachoit l'art & la methode. Aussitôt M^rs. Bernoulli, car M. Bernoulli l'un de ses freres, & son cadet, fameux Geometre, a la même part à cette gloire, sentirent par le peu qu'ils voyoient de ce calcul quelle en devoit être l'étenduë & la beauté, ils s'appliquerent opiniatrément à en chercher le ſecret, & à l'enlever à l'inventeur, ils y reüſſirent, & perfectionnerent cette Methode au point que M. Leibnits par une ſincerité digne d'un grand homme a déclaré qu'elle leur appartenoit autant qu'à lui. C'eſt ainſi que le moindre rayon de verité qui s'échape au travers de la nuë éclaire ſuffiſamment les grands Eſprits, tandis que la verité entierement dévoilée ne frappe pas les autres.

La Patrie de M. Bernoulli rendit juſtice à un Citoyen qui l'honoroit tant, & en 1687 il fut élu par un conſentement unanime Profeſſeur en Mathematique dans l'Univerſité de Baſle. Alors il fit paroître un nouveau talent, c'eſt celui d'inſtruire. Tel eſt capable d'arriver aux plus hautes connoiſſances qui n'eſt pas capable d'y conduire les autres, & il en coûte quelquefois plus à l'Esprit pour redescendre, que pour continuer à s'élever. M. Bernoulli par l'extrême netteté de ses Leçons, & par les grands progrés qu'il faisoit faire en peu de temps, attira à Basle un grand nombre d'Auditeurs Etrangers.

Les exercices que demandoit sa place de Professeur produisirent entre autres fruits tout ce qu'il a donné sur les *Series* ou Suites infinies de Nombres. Il s'agit de trouver ce que vaut la somme d'une infinité de Nombres reglés selon quelque ordre ou quelque loi, & sans doute la Geometrie ne montre jamais plus d'audace que quand elle prétend se rendre Maîtresse de l'Infini même, & le traiter comme le Fini. Par-là on découvre des Rectifications, ou des Quadratures de Courbes, car toutes les Courbes peuvent passer pour des Suites infinies de lignes droites infiniment petites, & les espaces qu'elles comprennent pour une infinité d'espaces infiniment petits, tous terminés par des lignes droites. Tantôt on trouve que ces Suites, qui comprennent une infinité de termes, ne valent neanmoins qu'un certain terme fini, & alors les Courbes qu'elle representent sont ou rectifiables, ou quarrables, tantôt on trouve que ces Suites se perdent dans leur infini, & se dérobent absolument au Calcul, & en ce cas là les longueurs des Courbes ou leurs espaces échapent aussi à nos recherches. Archimede paroît avoir été le premier qui ait trouvé la somme d'une Progression geometrique infinie décroissante, & par-là il découvrit trés-ingenieusement la Quadrature de la Parabole ; M. Wallis, célébre Mathematicien Anglois, a composé sur ces suites son *Arithmetique des Infinis*, & aprés lui Mrs Leibnits & Bernoulli pousserent encore cette Theorie beaucoup plus loin.

Mais le travail le plus assidu de M. Bernoulli eut pour objet le Calcul des Infiniment petits, & les recherches où il étoit necessaire. Lui & le petit nombre de ses pareils avoient découvert comme un nouveau Monde inconnu jusque-là, d'un abord difficile, même dangereux, d'où l'on rapportoit des richesses immenses, que l'on n'eût pas trouvées dans l'Ancien. Déja en faisant l'Eloge de feu M. le Marquis de l'Hôpital, nous avons fait en partie celui de M. Bernoulli, parce qu'ils ont ſouvent donné par la Methode qui leur étoit commune la ſolution des mêmes Problêmes, où toute autre Methode n'auroit point eu de priſe. Nous ne repeterons point ici ce qui a été dit, nous y ajouterons ſeulement quelques unes des découvertes particulieres à M. Bernoulli.

Le Calcul Differentiel étant ſuppoſé, on ſait combien eſt neceſſaire le Calcul Intégral, qui en eſt, pour ainſi dire, le renverſement; car comme le Calcul Differentiel deſcend des grandeurs finies à leurs infiniment petits, ainſi le Calcul intégral remonte des infiniment petits aux grandeurs finies, mais ce retour eſt difficile, & juſqu'apreſent impoſſible en certains cas. En 1691 M. Bernoulli donna deux Eſſais du Calcul Intégral, les premiers qu'on eût encore veus, & ouvrit cette nouvelle carriere aux Geometres. Ces deux Essais regardoient la rectification & la quadrature de deux differentes especes de Spirales ; l'une est formée par les extrêmités des Ordonnées d'une Parabole ordinaire, dont l'axe seroit roulé en cercle, l'autre est la Spirale Logarithmique, qui fait toûjours le même angle avec ses Ordonnées concourantes à son centre. Et comme la Courbe appellée Loxodromique, décrite par un Vaisseau qui suit toûjours le même rhumb de vent, fait aussi toûjours le même angle avec tous les Meridiens, il s'ensuit que si les Meridiens étoient des lignes droites concourantes au Pole, la Loxodromique deviendroit la Spirale Logarithmique. De-là M. Bernoulli prit occasion

occaſion de paſſer de la Spirale Logarithmique à la Loxodromique, & découvrit beaucoup de choſes nouvelles, & fort curieuſes par rapport aux Longitudes, & à la Navigation.

En ce temps là, le Problême de la *Chainette* qu'il avoit propoſé, faiſoit beaucoup de bruit parmi les grands Geometres. C'eſt la courbure que doit prendre une Chaine, attachée fixement par ſes deux extrêmités, également peſante en toutes ſes parties, & dont chaque partie eſt tirée en embas par ſon propre poids, & en même temps retenuë par les points fixes. Aprés que Mrs. Leibnits, Huguens, & Bernoulli ſon frere eurent reſolu le Problême, & déterminé cette courbure, il prouva en 1692 qu'elle étoit la même que celle d'une Voile enflée par le vent. Et comme il commençoit alors ses recherches & ses découvertes sur la courbure que prendroit une Lame à ressort dont une extrêmité seroit attachée fixement sur un plan, & l'autre porteroit un poids, il fit voir que si cette même Voile qui enflée par un vent horisontal se courberoit en Chainette, étoit enflée par un liquide qui pesât sur elle verticalement, elle se courberoit comme une Lame à ressort, ou en *Elastique*, car c'est le nom qu'il donne à cette Courbe. Ces déterminations ne sont pas de simples jeux de Geometrie, estimables seulement par leur difficulté, elles peuvent entrer dans des questions délicates de Phisique ou de Mechanique, quand il faudra connoître avec précision l'action des liquides ou des poids.

Pour épargner un plus long détail des recherches geometriques de M. Bernoulli, il suffira d'ébaucher ici l'idée de sa Theorie des Courbes qui roulent sur elles mêmes. Une Courbe quelconque étant proposée, il la conçoit comme immobile, & en même tems il conçoit qu'une autre Courbe égale & semblable, c'est-à-dire, la même en espece, roule sur elle, & applique tous ses points aux siens les uns aprés les autres. En joignant à cette consideration celle de la Dévelopée qui auroit produit la Courbe proposée, non seulement il tire du roulement de cette Courbe sur elle même une Roulette ou Cycloïdale décrite à la maniere ordinaire par un point fixe de la Courbe mobile, mais encore la Caustique par refléxion,

& deplus deux Courbes, dont il appelle la premiere *Antidevelopée*, la seconde *Pericaustique*, & pour se conduire dans ce Labirinthe de Courbes differentes, & en determiner la nature, il n'a besoin que de connoître la premiere, generatrice de toutes les autres.

Par-là, il arriva à une merveilleuse proprieté de la Spirale Logarithmique, c'est que toutes les Courbes, ou qui la produisent ou qu'elle produit de la maniere qu'on vient d'expliquer, sa Dévelopée, sa Caustique, sa Cicloïdale, son Antidevelopée, sa Pericaustique sont d'autres Spirales Logarithmiques égales & semblables en tout à la generatrice. Il est facile de juger que de pareilles resolutions demandent un grand appareil de Geometrie, & doivent être les derniers efforts de l'esprit Mathematique.

Ces mêmes roulements de Courbes conduisirent M. Bernoulli à la découverte des deux Formules générales des Caustiques par reflexion & par refraction, qui comprennent deux Sections du Livre de M. de l'Hôpital, ou plûtôt toute la Catoptrique, & toute la Dioptrique. Mais M. Bernoulli avoit supprimé l'Analise des Formules, & M. de l'Hôpital en a revelé le mistere.

Toutes ces recherches, & quantité d'autres aussi profondes qu'il faut passer sous silence, ont été exécutées par le Calcul des Infiniment petits, & pouvoit-on mieux en prouver l'excellence, & dans le même temps enseigner l'art de le manier? Aussi cette Methode est-elle devenuë celle de tous les grands Geometres sans exception, & quoiqu'elle soit quelquefois épineuſe, il eſt infiniment plus aiſé d'apprendre à s'en ſervir, que d'aller loin ſans ſon ſecours.

Quand l'Academie Royale des Sciences reçût du Roy en 1699 un Reglement qui lui laiſſoit la liberté de choiſir 8 Aſſociés Etrangers, auſſitôt tous les ſuffrages donnerent place aux deux freres Bernoulli dans ce petit nombre. M. l'Electeur de Brandebourg ayant auſſi établi à Berlin une Academie dont le célébre M. Leibnits a la direction, ils y furent pareillement aſſociés tous deux en 1701. Quoiqu'abſents, ils ont ſatisfait ici à leur devoir d'Academiciens par des piéces excellentes & ſingulieres dont nos Hiſtoires ont été enrichies. On a veu dans celle de 1702 * la Section indéfinie des Arcs circulaires de M.

* p. 58.

Bernoulli de Basle, dans celle de 1703 *sa Theorie du Centre d'Oscillation, & dans celle de cette année on a veu * sa nouvelle Hipothese de la Resistance des Solides, & l'Analise de sa Courbe Elastique. Il avoit déja donné dans les Actes de Leipsic quelque idée, mais imparfaite, de la plûpart de ces recherches, & il ne les a envoyées à l'Academie qu'aprés les avoir mises dans un état à le contenter lui-même.

*p. 174.

*p. 130.

Tandis que le Professeur de Basle se faisoit un si grand nom, son cadet, Professeur en Mathematique à Groningue, ne s'en faisoit pas un moins éclatant, ils couroient tous deux la même carriere, & d'un pas égal. Les Savants du premier ordre auroient peine à le devenir, s'ils n'étoient passionnés pour leur science, &

possedés par un goût, superieur à tout. Une émulation vive se mit entre les deux freres, fomentée encore par leur éloignement qui les reduisoit à ne se parler presque que dans des Journaux, & qui étoit propre à entretenir longtemps entre eux un malentendu, s'il en pouvoit naître quelqu'un. Enfin l'Aîné ramassant toute sa force, lança, pour ainsi dire, un Problême qu'il adressoit, non-seulement à tous les Geometres, mais aussi à son frere en particulier, lui promettant même publiquement une certaine somme, s'il le pouvoit resoudre. Il le resolut, & même assés promptement, mais il donna sa solution sans Analise. M. Bernoulli de Basle qui trouva cette resolution en partie differente de la sienne, demanda à voir l'Analise, pour décou-

découvrir d'où pouvoit naître la difference des ſolutions. Mais ſur les Juges qui devoient examiner cette Analiſe, & ſur quelques autres circonſtances du jugement, il ſurvint des difficultés, qui n'ont pas été terminées. Le détail en ſeroit trop long, il ſuffira que l'on ſache que ce Problême regardoit les figures *Iſoperimetres*. Entre une infinité de Courbes poſſibles qui ont la même *perimetrie* ou la même longueur, il faloit trouver d'une maniere générale celles qui dans certaines conditions renfermoient les plus grands, ou les plus petits eſpaces, ou en faiſant une revolution autour de leurs axes produiſoient les plus grandes, ou les plus petites ſuperficies, ou les plus grands, ou les plus petits Solides. On peut juger de la difficulté du Problême par l'intention dans laquelle il avoit été choisi.

C'est M. Bernoulli qui a pris soin de l'Edition, que l'on a faite à Basle de la Geometrie de Descartes ; il étoit si rempli de ces matieres que les Epreuves qu'il avoit à corriger, ne pouvoient pas lui passer par les mains sans lui faire naître des pensées, & des reflexions, & il embellit l'Ouvrage du grand Descartes par des Notes, qui quoique faites à la hâte, *Tumultuariæ*, comme il les appelle, sont trés-curieuses, & trés instructives.

Ses travaux continuels, causés & par les devoirs de sa place, & par l'avidité de savoir, & par le plaisir des succés, furent apparemment ce qui le rendit sujet à la goutte d'assés bonne heure, & enfin ils le firent tomber dans une fiévre lente dont il mourut le 16

Août de cette année, âgé de 50 ans & 7 mois. Deux ou trois jours avant ſa mort, dans le temps des ſoins les plus ſerieux, il pria M. Herman, ſon compatriote, ſon ami particulier & illuſtre Geometre, de remercier l'Academie des Sciences de la place qu'elle lui avoit donnée dans ſon corps. A l'exemple d'Archimede qui voulut orner ſon Tombeau de ſa plus belle découverte geometrique, & ordonna que l'on y mît un Cylindre circonſcrit à une Sphére, M. Bernoulli a ordonné que l'on mît ſur le ſien une Spirale Logarithmique, avec ces mots *Eadem mutata reſurgo*, alluſion heureuſe à l'eſperance des Chrétiens repreſentée en quelque ſorte par les proprietés de cette Courbe. Il achevoit un grand Ouvrage *De Arte Conjec-*

tandi, & quoiqu'il n'en ait rien paru, nous pouvons en donner une idée sur la foi de M. Herman. Les Regles d'un jeu étant supposées, & deux Joüeurs de la même force, on peut, en quelque état que soit une partie, déterminer par l'avantage qu'un des Joüeurs a sur l'autre, combien il y a plus à parier qu'il gagnera. Le pary change selon tous les differents états où sera la partie, & quand on veut considerer tous ces changements, on trouve quelquefois des Series ou Suites de Nombres reglées, & même nouvelles & singulieres. Si l'on suppose les Joüeurs inégaux, on demande quel avantage le plus fort doit accorder à l'autre, ou reciproquement l'un ayant accordé à l'autre un certain avantage, on demande de combien il est plus fort, & il eſt à remarquer que ſouvent les avantages ou les forces ſont incommenſurables, de-ſorte que les deux Joüeurs ne peuvent jamais être parfaitement égalés. Les raiſonnements que ces ſortes de matieres demandent ſont ordinairement plus déliés, plus fins, compoſés d'un plus grand nombre de veuës qui peuvent échaper, & par conſequent plus ſujets à erreur que les autres raiſonnements mathematiques. Par exemple deux Joüeurs égaux joüant en 4 parties liées, ſi l'un en a gagné 3 & l'autre 2, il faut raiſonner aſſés juſte pour déterminer préciſement que l'on peut parier 3 pour celui qui a les 3 parties, & 1 ſeulement pour celui qui en a 2. Ce cas eſt des plus ſimples, & on peut juger par-là de ceux qui ſont infiniment plus compliqués. Quelques grands Mathematiciens, & principalement Mrs. Paſchal & Huguens, ont déja propoſé ou reſolu des Problêmes ſur cette matiere, mais ils n'ont fait que l'effleurer, & M. Bernoulli l'embraſſoit dans une plus grande étenduë, & l'approfondiſſoit beaucoup davantage. Il la portoit même juſqu'aux choſes Morales & Politiques, & c'eſt là ce que l'Ouvrage doit avoir de plus neuf, & de plus ſurprenant. Cependant ſi l'on conſidere de prés les choſes de la vie ſur leſquelles on a tous les jours à déliberer, on verra que la déliberation devroit ſe reduire, comme les Paris que l'on feroit ſur un jeu, à comparer le nombre des cas où arrivera un certain évenement au nombre des cas où il n'arrivera pas. Cela fait, on ſauroit au juſte,

& on exprimeroit par des nombres de combien le parti qu'on prendroit feroit le meilleur. Toute la difficulté eſt qu'il nous échape beaucoup de cas où l'évenement peut arriver, ou ne pas arriver, & plus il y a de ces cas inconnus, plus la connoiſſance du parti qu'on doit prendre paroît incertaine. La ſuite de ces idées a conduit M. Bernoulli à cette queſtion. Si le nombre des cas inconnus diminuant toûjours, la probabilité du parti qu'on doit prendre en augmente neceſſairement, deſorte qu'elle vienne à la fin à tel degré de certitude qu'on voudra. Il ſemble qu'il n'y ait pas de difficulté pour l'affirmative de cette Propoſition, cependant M. Bernoulli qui poſſedoit fort cette matiere aſſuroit que ce Problême étoit beaucoup plus difficile que celui de la Quadrature du cercle, & certainement il feroit fans comparaifon plus utile. Il n'eft pas fi glorieux à l'Efprit de Geometrie de regner dans la Phifique, que dans les chofes Morales, fi compliquées, fi cafuelles, fi changeantes; plus une matiere lui eft oppofée, & rebelle, plus il a d'honneur à la dompter.

M. Bernoulli étoit d'un temperament bilieux & melancolique, caractere qui donne plus que tout autre, & l'ardeur, & la conftance, neceffaires pour les grandes chofes. Il produit dans un Homme de Lettres une ètude affiduë & opiniâtre, & fe fortifie inceffamment par cette étude même. Dans toutes les recherches que faifoit M. Bernoulli, fa marche étoit lente, mais fûre, ni fon genie, ni l'habitude de reüffir ne lui avoient inſpiré de confiance, il ne donnoit rien qu'il n'eût remanié bien des fois, & il n'avoit jamais ceſſé de craindre ce même Public qui avoit tant de veneration pour lui.

Il s'étoit marié à l'âge de 30 ans, & a laiſſé un fils & une fille.

CATALOGUE

des Ouvrages de Monſieur

BERNOULLI.

COnamen Novi Syſtematis Cometarum; pro motu eorum ſub calculum revocando, & apparitionibus prædicendis. Amſt. Weſtein 1682. in 8°. cum Figuris.

Diſſertatio de Gravitate Ætheris

& *Cæli*. Amst. 1683. in 8°.

Epistola ad fratrem suum Joh. Bernoulli Prof. Groning. *cum annexâ solutione propriâ Problematis Isoperimetrici*. Basil. 1700. in 4°.

ELOGE DE MONSIEUR AMONTONS.

GUILLAUME AMONTONS nâquit l'an 1663 sur le minuit du dernier jour d'Août. Il étoit fils d'un Avocat qui ayant quitté la Normandie, d'où il étoit originaire, étoit venu s'établir à Paris. Il étudioit encore en Troisiéme, lorsqu'il lui resta d'une maladie une surdité assés considerable, qui le sequestra presque entierement du commerce des hommes, du moins, de tout commerce inutile. N'étant plus qu'à lui-même, & livré aux penſées qui ſortoient du fond de la nature, il commença à ſonger aux Machines. Il entreprit d'abord la plus difficile de toutes, ou plûtôt la ſeule impoſſible, je veux dire, le Mouvement perpetuel, dont il ne connoiſſoit ni l'impoſſibilité ni la difficulté. En y travaillant il s'apperçut qu'il devoit y avoir des principes dans cette matiere, & qu'à moins que de les ſavoir, on y perdoit ſon temps & ſa peine. Il ſe mit donc dans la Geometrie, quoique ſelon la coûtume de toutes les familles, la ſienne s'y opposât, & ſans doute avec aſſés de raiſon, ſi on ne regarde les ſciences que comme des moyens d'arriver à la fortune.

On aſſure qu'il ne voulut jamais faire de remedes pour ſa ſurdité, ſoit qu'il deſeſperât d'en guerir, ſoit qu'il ſe trouvât bien de ce redoublement d'attention & de recueillement qu'elle lui procuroit, ſemblable en quelque choſe à cet Ancien que l'on dit qui ſe creva les yeux pour n'être pas diſtrait dans ſes meditations philoſophiques.

M. Amontons apprit le Deſſein, l'Arpentage, l'Architecture, & fut employé dans pluſieurs Ouvrages publics, mais il ne fut pas long-temps ſans s'élever plus haut, & il joignit à cette Mechanique qui produit nos Arts, & n'eſt occupée que de nos beſoins, la connoiſſance de la ſublime Mechanique, qui a diſpoſé l'Univers.

Les Inſtruments, tels que les Barometres, les Thermometres, & les Hygrometres, deſtinés à meſurer des variations phiſiques, qui nous étoient, il y a peu de temps, ou abſolument inconnuës, ou connuës ſeulement par le rapport confus & incertain de nos ſens, ſont peut-être de toutes les inventions utiles de la Philoſophie moderne, celles où l'application de la Mechanique à la Phiſique eſt la plus délicate; & d'ailleurs comme on s'étoit contenté du premier haſard, ou de la premiere idée qui avoit fait naître ces inventions aſſés heureuſement, elles étoient demeurées ou defectueuſes en elles-mêmes, ou d'un uſage peu commode. M. Amontons les étudia avec beaucoup de ſoin, & en 1687. n'ayant encore que 24 ans, il preſenta à l'Academie des Sciences un nouvel Hygrometre qui en fut fort approuvé. Il propoſa auſſi à M. Hubin, fameux Emailleur, & fort habile en ces matieres, differentes idées qu'il avoit pour de nouveaux Barometres & Thermometres, mais M. Hubin l'avoit prevenu dans quelques-unes de ses pensées, & il fit peu d'attention aux autres, jusqu'à ce qu'il eût fait un Voyage en Angleterre, où elles lui furent proposées par quelques-uns des principaux membres de la Societé Royale.

Peut être ne prendra-t'on que pour un jeu d'esprit, mais du moins trés ingenieux, un moyen qu'il inventa de faire savoir tout ce qu'on voudroit à une trés-grande distance, par exemple, de Paris à Rome, en trés-peu de temps, comme en 3 ou 4 heures, & même sans que la nouvelle fût sçuë dans tout l'espace d'entre-deux. Cette proposition si paradoxe, & si chimerique en apparence fut executée dans une petite étenduë de pays, une fois en presence de Monſeigneur, & une autre, en preſence de Madame; car quoique M. Amontons n'entendît nullement l'art de ſe produire dans le monde, il étoit déja connu des plus grands Princes à force de merite. Le ſecret conſiſtoit à diſpoſer dans pluſieurs Poſtes conſecutifs, des gens qui par des Lunettes de longue veuë ayant aperçû certains ſignaux du poſte precedent les tranſmiſſent au ſuivant, & toûjours ainſi de ſuite, & ces differens ſignaux étoient autant de Lettres d'un Alphabet, dont on n'avoit le Chiffre qu'à Paris & à Rome. La grande portée des Lunettes faiſoit la diſtance des poſtes, dont le nombre devoit être le moindre qu'il fût poſſible, & comme le ſecond poſte faiſoit les ſignaux au troiſiéme, à meſure qu'il les voyoit faire au premier, la la nouvelle ſe trouvoit portée de Paris à Rome preſque en auſſi peu de temps qu'il en falloit pour faire les ſignaux à Paris.

En 1695 M. Amontons donna le ſeul Livre imprimé qui ait paru de lui, & le dedia à l'Academie des Sciences. Il eſt intitulé *Remarques & Experiences Phiſiques ſur la conſtruction d'une Nouvelle Clepſidre, ſur les Barometres, Thermometres, & Hygrometres.* Quoique les Clepſidres, ou Horloges à eau, ſi uſitées chés les Anciens, ayent été entierement abolies parmi nous par les Horloges à roües infiniment plus juſtes, & plus commodes, M. Amontons ne laiſſa pas de prendre beaucoup de peine à la conſtruction de la Clepſidre, dans l'eſperance qu'elle pourroit ſervir ſur mer; car de la maniere dont elle étoit faite, le mouvement le plus violent que pût avoir un Vaisseau ne la dereegloit point, au lieu qu'il deregle infailliblement les autres Horloges. On a pû voir dans le Livre de M. Amontons avec combien d'art sa Clepsidre étoit construite; il n'y a guere d'apparence qu'il se soit rencontré avec aucun des anciens Inventeurs.

Il entra dans l'Academie en 1699 lorsqu'elle reçut son nouveau Reglement. Aussitôt il donna dans nos Assemblées la Theorie des Frottements, qui a tant éclairci une matiere si importante dans la Mechanique, & jusque-là si obscure. Son nouveau Thermometre vint ensuite, invention qui n'est pas seulement utile pour la pratique, mais qui a donné de nouvelles veuës pour la Speculation. Nos Histoires ont parlé à fond de ces découvertes, un Volume nouveau qui va paroître en contiendra encore une autre du même Auteur, c'est son Barometre rectifié, & le Volume qui viendra encore aprés contiendra son Barometre sans Mercure à l'usage de la Mer, & des Experiences nouvelles & fort curieuses qu'il a faites sur le Barometre & sur la nature de l'air, tant le nom & les découvertes de M. Amontons ont de peine, pour ainsi dire, à quitter la place qu'ils tenoient dans nos Histoires.

En effet, celle que cet Academicien remplissoit dans la Compagnie étoit presque unique. Il avoit un don singulier pour les Experiences, des idées fines & heureuses, beaucoup de ressources pour lever les inconvenients, une grande dexterité pour l'execution, & on croyoit voir revivre en lui M. Mariotte, si célebre par les mêmes talents. Nous ne craignons point de comparer à un des plus grands sujets qu'ait eus l'Académie un simple Eleve tel qu'étoit M. Amontons; le nom d'Eleve n'emporte parmi nous aucune difference de merite, il signifie seulement moins d'ancienneté, & une espece de survivance.

M. Amontons jouïssant d'une santé parfaite, qui se déclaroit même par toutes les apparences exterieures, n'étant sujet à aucune infirmité, menant & ayant toûjours mené la vie du monde la plus reglée, fut tout d'un coup attaqué d'une inflammation d'entrailles, la gangrene s'y mit en peu de jours, & il mourut le 11 Octobre âgé de 42 ans & prés de deux mois. Il étoit marié & n'a laissé qu'une fille âgée de 2 mois.

Le Public perd par sa mort plusieurs inventions utiles qu'il meditoit, sur l'Imprimerie, sur les Vaisseaux, sur la Charue. Ce qu'on a veu de lui répond que ce qu'il croyoit possible devoit l'être à toute épreuve, & le genie de l'invention, naturellement subtil, hardi, & quelquefois présomptueux, avoit en lui toute la solidité, toute la retenuë, & même toute la défiance necessaires.

Les qualités de son cœur étoient encore préferables à celles de son esprit, une droiture si naïve & si peu méditée qu'on y voyoit l'impossibilité de se démentir, une simplicité, une franchise & une candeur que le peu de commerce avec les hommes pouvoit conserver, mais qu'il ne lui avoit pas données, une entiere incapacité de se faire valoir autrement que par ses Ouvrages, ni de faire sa cour autrement que par son merite, & par consequent une incapacité presque entiere de faire fortune.

CATALOGUE

des Ouvrages de Monsieur

AMONTONS.

REmarques & Experiences Phisiques sur la Construction d'une nouvelle Clepsidre, sur les Barometres, Thermometres, & Hygrometres. Paris, Jombert 1695. in 12°.

ELOGE DE MONSIEUR DU HAMEL.

JEAN-BAPTISTE DU HAMEL nâquit en 1624 à Vire en basse Normandie. Nicolas du Hamel son Pere étoit Avocat dans la même Ville ; malgré le caractere général qu'on attribuë à ce païs-là, & malgré son interêt particulier, il ne songeoit qu'à accommoder les procés qu'il avoit entre les mains, & en étoit quelquefois mal avec les Juges.

M. du Hamel fit ses premieres études à Caën, sa Rhetorique & sa Philosophie à Paris. A l'âge de

18 ans, il composa un petit Traité, où il expliquoit avec une ou deux figures, & d'une maniere fort simple, les trois Livres des *Spheriques* de Theodose ; il y ajoûta une Trigonometrie fort courte & fort claire, dans le dessein de faciliter l'entrée de l'Astronomie. Il a dit dans un Ouvrage posterieur qu'il n'avoit imprimé celui-là que par une vanité de jeune homme, mais peu de gens de cet âge pourroient avoir la même vanité. Il faloit que l'inclination qui le portoit aux Sciences fût déja bien générale & bien étenduë, pour ne pas laisser échaper les Mathematiques si peu connuës, & si peu cultivées en ce temps-là, & dans les lieux où il étudioit.

A l'âge de 19 ans, il entra dans les Peres de l'Oratoire. Il y fut 10 ans, & en sortit pour être Curé de de Neüilli fur Marne. Pendant l'un & l'autre de ces deux temps, il joignit aux devoirs de fon état une grande application à la lecture.

La Phifique étoit alors comme un grand Royaume démembré, dont les Provinces ou les Gouvernemens feroient devenus des Souverainetés prefque indépendantes. L'Aftronomie, la Mechanique, l'Optique, la Chimie, &c. étoient des Sciences à part, qui n'avoient plus rien de commun avec ce qu'on appelloit Phifique; & les Medecins même en avoient détaché leur Phifiologie, dont le nom feul la trahiffoit. La Phifique appauvrie & dépoüillée n'avoit plus pour fon partage que des Queftions également épineufes & fteriles. M. du Hamel entreprit de lui rendre ce qu'on lui avoit usurpé, c'est à dire une infinité de connoissances utiles & agréables, propres à faire renaître l'estime & le goût qu'on lui devoit. Il commença l'exécution de ce dessein par son *Astronomia Physica*, & par son Traité *De Meteoris & Fossilibus*, imprimés l'un & l'autre en 1660.

Ces deux Traités sont des Dialogues dont les Personnages sont Theophile, grand Zelateur des Anciens, Menandre, Cartesien passionné, Simplicius, Philosophe indifferent entre tous les partis, qui le plus souvent tâche à les accorder tous, & qui hors delà est en droit par son caractere de prendre dans chacun ce qu'il y a de meilleur. Ce Simplicius ou M. du Hamel, c'est le même homme.

A la forme de Dialogues, & à cette maniere de traiter la Philosophie, on reconnoît que Ciceron a servi de modele, mais on le reconnoît encore à une Latinité pure & exquise, & ce qui est plus important, à un grand nombre d'expressions ingenieuses & fines, dont ces Ouvrages sont semés. Ce sont des raisonnemens philosophiques, qui ont dépoüillé leur secheresse naturelle ou du moins ordinaire, en passant au travers d'une imagination fleurie & ornée, & qui n'y ont pris cependant que la juste dose d'agrément qui leur convenoit. Ce qui ne doit être embelli que jusqu'à une certaine mesure précise, est ce qui coûte le plus à embellir.

L'Astronomie Phisique est un Recueil des principales pensées des Philosophes tant Anciens que Modernes sur la Lumiere, sur les Couleurs, sur les Sistêmes du

Monde ; & de plus tout ce qui appartient à la Sphere, à la Theorie des Planetes, au Calcul des Eclipses, y est expliqué mathematiquement. De même, le Traité des Meteores & des Fossiles rassemble tout ce qu'en ont dit les Auteurs qui ont quelque réputation dans ces matieres ; car M. du Hamel ne se bornoit pas à la lecture des plus fameux. On voit dans ce qu'il a écrit des Fossiles une grande connoissance de l'Histoire Naturelle, & sur tout de la Chimie, quoiqu'elle fût encore alors envelopée de misteres & de tenebres difficiles à percer.

On lui reprocha d'avoir été peu favorable au grand Descartes, si digne du respect de tous les Philosophes, même de ceux qui ne le suivent pas. En effet Theophile le traite quelquefois assés mal. M.

du Hamel répondit que c'étoit Theophile, entêté de l'Antiquité, incapable de goûter aucun Moderne, & que jamais Simplicius n'en avoit mal parlé. Il disoit vrai, cependant c'étoit au fond Simplicius qui faisoit parler Theophile.

En 1663, qui fut la même année où il quitta la Cure de Neüilli, il donna le fameux Livre, *De Consensu veteris & novæ Philosophiæ*. C'est une Phisique générale, ou un Traité des premiers Principes. Ce que le titre promet est pleinement executé, & l'esprit de conciliation, héréditaire à l'Auteur, triomphe dans cet Ouvrage. Il commence par la sublime & peu intelligible Metaphisique des Platoniciens sur les Idées, sur les Nombres, sur les formes Archetypes, & quoique M. du Hamel en reconnoisse l'obscurité, il ne peut leur refuser une place dans cette espece d'Etats généraux de la Philosophie. Il traite avec la même indulgence la Privation principe, l'Eduction des formes substantielles, & quelques autres idées Scholastiques ; mais quand il est enfin arrivé aux Principes qui se peuvent entendre, c'est à dire, ou aux Loix du Mouvement, ou aux Principes moins simples établis par les Chimistes, on sent que malgré l'envie d'accorder tout, il laisse naturellement pancher la balance de ce côté-là. On s'apperçoit même que ce n'est qu'à regret qu'il entre dans des questions générales, d'où l'on ne remporte que des mots, qui n'ont point d'autre merite que d'avoir long-temps passé pour des choses. Son inclination & son sçavoir le rappellent toûjours assés promptément à la Philoſophie Experimentale, & ſur tout à la Chimie pour laquelle il paroît avoir eu un goût particulier.

En 1666, M. Colbert qui ſçavoit combien la gloire des Lettres contribuë à la ſplendeur d'un Etat, propoſa & fit approuver au Roi l'établiſſement de l'Academie Royale des Sciences. Il raſſembla avec un diſcernement exquis un petit nombre d'Hommes, excellents chacun dans ſon genre. Il faloit à cette Compagnie un Secretaire qui entendît & qui parlât bien toutes les differentes langues de ces Sçavans, celle d'un Chimiſte, par exemple, & celle d'un Aſtronome, qui fût auprés du Public leur Interprete commun, qui pût donner à tant de matieres épineuſes & abſtraites des éclairciſſemens, un certain tour, & même un agrément que les Auteurs negligent quelquefois de leur donner, & que cependant la plûpart des Lecteurs demandent, enfin qui par son caractere fût exempt de partialité, & propre à rendre un compte desinteressé des contestations Academiques. Le choix de M. Colbert pour cette fonction tomba sur M. du Hamel ; & aprés les preuves qu'il avoit faites sans y penser de toutes les qualités necessaires, un choix aussi éclairé ne pouvoit tomber que sur lui.

Sa belle Latinité ayant beaucoup brillé dans ses Ouvrages, & d'autant plus que les matieres étoient moins favorables, il fut choisi pour mettre en Latin un Traité des Droits de la feuë Reine sur le Brabant, sur Namur, & sur quelques autres Seigneuries des Païs-bas Espagnols. Le Roi, qui le fit publier en 1667, vouloit qu'il pût être lû de toute l'Europe, où ses conquêtes, & peut-être aussi un grand nombre d'excellens Livres, n'avoient pas encore rendu le François aussi familier qu'il l'est devenu.

A cet Ouvrage qui soûtenoit les droits de la Reine, il en succeda l'année suivante un autre de la même main, & en Latin, qui soûtenoit les droits de l'Archevêque de Paris contre les Exemptions que prétend l'Abbaye de S. Germain des Prez. Ce fut M. de Perefixe, alors Archevêque, qui engagea M. du Hamel à cette entreprise, & apparemment il crut que le nom d'un Auteur, si éloigné d'attaquer sans justice, & même d'attaquer, seroit un grand prejugé pour le Siege Archiepiscopal. En effet, c'est là la seule fois que M. du Hamel ait forcé son caractere jusqu'à prendre le personnage d'Aggresseur ; & il est bon qu'il l'ait pris une fois pour laisser un modele de la moderation & de l'honnêteté avec laquelle ces sortes de contestations devroient être conduites.

Sa grande réputation sur la Latinité fut cause encore qu'en la même année 1668 M. Colbert de Croissi Plenipotentiaire pour la Paix d'Aix la Chapelle l'y mena avec lui. Il pouvoit l'employer souvent pour tout ce qui se devoit traiter en Latin avec les Ministres Etrangers, & quoique la pureté de cette Langue puisse paroître une circonstance peu importante par rapport à une negotiation de Paix, les Politiques sçavent assés qu'il ne faut rien negliger de ce qui peut donner du relief à une Nation aux yeux de ses Voisins, ou de ses Ennemis.

Aprés la Paix d'Aix la Chapelle, M. de Croissi alla Ambassadeur en Angleterre, & M. du Hamel l'y accompagna. Il fit ce voyage en Philosophe, sa principale curiosité fut de voir les Sçavans, sur tout l'illustre M. Boyle qui lui ouvrit tous ses trésors de Phisique Experimentale. Delà, il passa en Hollande avec le même esprit, & il rapporta de ces deux voyages des richesses, dont il a ensuite orné ses Livres.

Revenu en France, & occupant sa place de Secretaire de l'Academie, il publia son Traité *De Corporum affectionibus* en 1670. Là, il pousse la Phisique jusqu'à la Medecine, dont il ne se contente pas d'effleurer les principes.

Deux ans aprés, il donna son Traité *De mente humana.* C'est une Logique Metaphisique, ou une Theorie de l'Entendement humain & des Idées, avec l'art de conduire sa raison. Quoique les Experiences phisiques paroissent étrangeres à ce sujet, elles y entrent cependant en allés grande quantité, elles fournissent tous les exemples, dont l'Auteur a besoin ; il en étoit si plein qu'elles semblent lui échaper à chaque moment.

Un an aprés, c'est à dire en 1673, parut son Livre *De corpore animato.* On peut juger par le titre si la Phisique Experimentale y est employée. Sur tout, l'Anatomie y regne. M. du Hamel en avoit acquis une grande connoissance & par les Conferences de l'Academie, & par un commerce particulier avec Mrs Stenon, & du Verney. Quand M. du Verney commença à s'établir à Paris, & qu'il y établit en même temps un nouveau goût pour l'Anatomie, M. du Hamel fut un des premiers qui se saisit de lui, & des découvertes qu'il apportoit. Un tel Disciple excita encore le jeune Anatomiste à de plus grands progrés, & y contribua.

Dans ce Livre *De Corpore animato*, il fait entendre qu'on lui reprochoit de ne point décider les Questions, & d'être trop indéterminé entre les differens partis. Il promet de se corriger, & il faut avoüer cependant qu'il ne paroît pas trop avoir tenu parole, mais enfin il est rare qu'un Philosophe soit accusé de n'être pas assés décisif.

Au même endroit, il se fait à

lui-même un autre reproche, dont il est beaucoup plus touché ; c'est d'être Ecclesiastique, & de donner tout son temps à la Philosophie profane. Il est aisé de voir quelle foule de raisons le justifioient, mais l'extrême délicatesse de sa conscience ne s'en contentoit pas. Il proteste qu'il veut retourner à un Ouvrage de Theologie, dont le projet avoit été formé dés le temps qu'il publia ses premiers Livres, & dont l'éxécution avoit été toûjours interrompuë.

Cependant il y survint encore une nouvelle interruption. Un ordre superieur, & glorieux pour lui l'engagea à composer un Cours entier de Philosophie selon la forme usitée dans les Colleges. Cet Ouvrage parut en 1678 sous le titre de *Philosophia vetus &*

nova ad usum Scholæ accommodata in Regia Burgundia pertractata, assemblage aussi judicieux & aussi heureux qu'il puisse être des idées anciennes & des nouvelles, de la Philosophie des mots, & de celle des choses, de l'Ecole & de l'Academie. Pour en parler encore plus juste, l'Ecole y est ménagée, mais l'Academie y domine. M. du Hamel y a répandu tout ce qu'il avoit puisé dans les Conferences Academiques, experiences, découvertes, raisonnemens, conjectures. Le succés de l'Ouvrage a été grand, les nouveaux Sistêmes déguisés en quelque sorte ou alliés avec les anciens se sont introduits plus facilement chés leurs Ennemis; & peut-être le Vrai a-t-il eu moins d'oppositions à essuyer, parce qu'il a eu le secours de quelques erreurs.

Plusieurs années aprés la publication de ce Livre, des Missionnaires qui l'avoient porté aux Indes Orientales écrivirent qu'ils y enseignoient cette Philosophie avec beaucoup de succés, principalement la Phisique, qui est des quatre parties du Corps entier celle où l'Academie & les Modernes ont le plus de part. Des Peuples peu éclairés, & conduits par le seul goût naturel, n'ont pas beaucoup hésité entre deux especes de Philosophie, dont l'une nous a si long-temps occupés.

Il semble que M. du Hamel ait été destiné à être le Philosophe de l'Orient. Le P. Bouvet Jesuite, & fameux Missionnaire de la Chine, a écrit que quand ses Confreres & lui voulurent faire en langue Tartare une Philosophie pour l'Empereur de ce grand Etat,

&

& le disposer par-là aux verités de l'Evangile, une des principales sources où ils puiserent fut la Philosophie ancienne & moderne de M. du Hamel. L'entrée qu'elle pouvoit procurer à la Religion dans ces Climats éloignés, a dû le consoler de l'application qu'il y avoit donnée.

A la fin, il s'acquita encore plus précisément du devoir dont il se croyoit chargé. En 1691 il imprima un Corps de Theologie en 7 Tomes, sous ce titre, *Theologia Speculatrix & Practica juxta SS. Patrum dogmata pertractata, & ad usum Scholæ accommodata.* La Theologie a été long-temps remplie de subtilités fort ingenieuses à la verité, utiles même jusqu'à un certain point, mais assés souvent excessives; & l'on negligeoit alors la connoissance des

Peres, des Conciles, de l'Histoire de l'Eglise, enfin tout ce qu'on appelle aujourd'hui Theologie positive. On alloit aussi loin que l'on pouvoit aller par la seule Metaphisique, & sans le secours des faits, presque entierement inconnus, & cette Theologie a pû être appellée fille de l'Esprit & de l'Ignorance. Mais enfin les vûës plus saines & plus nettes des deux derniers Siecles ont fait renaître la Positive. M. du Hamel l'a réünie dans son Ouvrage avec la Scholastique, & personne n'étoit plus propre à ménager cette réünion. Ce que la Philosophie Experimentale est à l'égard de la Philosophie Scholastique, la Theologie Positive l'est à l'égard de l'ancienne Theologie de l'Ecole; c'est la Positive qui donne du corps, & de la solidité à la Scholastique &

M. du Hamel fit précisément pour la Theologie ce qu'il avoit fait pour la Philosophie. On voit de part & d'autre la même étenduë de connoissances, le même desir, & le même art de concilier les opinions , le même jugement pour choisir , quand il le faut , enfin le même esprit qui agit sur differentes matieres. On peut se representer ici ce que c'est que d'être Philosophe & Theologien tout à la fois, Philosophe qui embrasse toute la Philosophie, Theologien qui embrasse la Theologie entiere.

Ce travail presque immense lui en produisit encore un autre. On souhaita qu'il tirât en abregé de son Corps de Theologie ce qui étoit le plus necessaire aux jeunes Ecclesiastiques, que l'on instruit dans les Seminaires. Touché de l'utilité du dessein, il l'entreprit, quoiqu'âgé de 70 ans, & sujet à une infirmité, qui de temps en temps le mettoit à deux doits de la mort. Il fit même beaucoup plus qu'on ne lui demandoit, il traita quantité de matieres qu'il n'avoit pas fait entrer dans son premier Ouvrage, & en donna un presque tout nouveau en 1694 sous ce titre, *Theologiæ Clericorum Seminariis accommodatæ Summarium.* Ce Sommaire contient 5 Volumes.

Son application à la Theologie ne nuisit point à ses devoirs Academiques. Non seulement il exerça toûjours sa fonction, en tenant la plume, & recüeillant les fruits de chaque Assemblée, mais il entreprit de faire en Latin une Histoire générale de l'Academie depuis son établissement en 1666 jusqu'en 1696. Il prit cette Epoque pour finir son Histoire, parce qu'au commencement de 1697 il quitta la plume, ayant representé à M. de Pontchartrain, aujourd'hui Chancelier de France, qu'il devenoit trop infirme, & qu'il avoit besoin d'un Successeur. Il seroit de mon interest de cacher ici le nom de celui qui osa prendre la place d'un tel Homme, mais la reconnoissance que je lui dois de la bonté avec laquelle il m'agréa, & du soin qu'il prit de me former, ne me le permet pas.

Ce fut en 1698 que parut son Histoire sous ce titre, *Regiæ Scientiarum Academiæ Historia*. L'Edition fut bien-tôt enlevée, & en 1701 il en parut une seconde beaucoup plus ample, augmentée des quatre années qui manquoient à la premiere pour finir le Siécle, & dont les deux dernieres étoient comprises dans une Histoire Françoise.

Si nous n'avions une preuve incontestable par la datte de ses Livres, nous n'aurions pas la hardiesse de rapporter qu'en la même année 1698 où il donna pour la premiere fois son Histoire de l'Academie, il donna aussi un Ouvrage Theologique fort sçavant intitulé, *Institutiones Biblicæ, seu Scripturæ Sacræ Prolegomena unà cum selectis Annotationibus in Pentateuchum.* Là, il ramasse tout ce qu'il y a de plus important à sçavoir sur la Critique de l'Ecriture Sainte; un Jugement droit & sûr est l'Architecte qui choisit & qui dispose les materiaux que fournit une vaste Erudition. Le même caractere regne dans les Notes ſur les cinq Livres de Moïſe, elles ſont bien choiſies, peu chargées de diſcours, inſtructives, curieuſes ſeulement lorſqu'il faut qu'elles le ſoient pour être inſtructives, ſçavantes ſans pompe, mêlées quelquefois de ſentimens de pieté, qui partoient auſſi naturellement du cœur de l'Ecrivain, que du fond de la matiere.

Il publia en 1701 les *Pſeaumes* & en 1703 *les Livres de Salomon*, *la Sapience*, *& l'Eccleſiaſtique* avec de pareilles Notes. Tous ces Ouvrages n'étoient que les avant-coureurs d'un autre ſans comparaiſon plus grand auquel il travailloit, d'une *Bible* entiere accompagnée de Notes ſur tous les endroits qui en demandoient, & de Notes telles qu'il les faiſoit. Il la donna en 1705, âgé de 81 ans. Cette Bible, & par la beauté de l'Edition, & par la commodité & l'utilité du Commentaire disposé au bas des pages, l'emporte au jugement des Sçavans sur toutes celles qui ont encore paru.

Parvenu à un si grand âge, ayant acquis plus que personne le droit de se reposer glorieusement, mais incapable de ne rien faire, il voulut continuer de mettre en Latin l'Histoire Françoise de l'Academie, & il avoit déja fait cet honneur à une Préface générale qui marche à la tête. Mais enfin il mourut le 6 Aoust 1706, d'une mort douce & paisible, & par la seule necessité de mourir.

Jusqu'ici nous ne l'avons presque representé que comme Sçavant & comme Academicien, il faudroit maintenant le representer comme homme, & peindre ses mœurs; mais ce seroit le Panegirique

girique d'un Saint, & nous ne sommes pas dignes de toucher à cette partie de son Eloge, qui devroit être faite à la face des Autels, & non dans une Academie. Nous en détacherons seulement deux faits qui peuvent être rapportés par une bouche profane.

Il alloit tous les ans à Neüilli sur Marne visiter son ancien Troupeau, & le jour qu'il y passoit étoit celebré dans tout le Village comme un jour de Fête. On ne travailloit point, & on n'étoit occupé que de la joye de le voir. Tout le monde sçait quelles sont les vertus, non-seulement Morales, mais Chrétiennes necessaires à un Pasteur, pour lui gagner tous les cœurs à ce point-là, & de quel prix sont les loüanges de ceux sur qui on a eu de l'autorité, & sur qui on n'en a plus.

Pendant qu'il fut en Angleterre, les Catholiques Anglois qui alloient entendre sa Messe chés l'Ambassadeur de France, disoient communément, *allons à la Messe du saint Prêtre*. Ces Etrangers n'avoient pas eu besoin d'un long temps pour prendre de lui l'idée qu'il meritoit, un exterieur tres-simple, & qu'on ne pouvoit jamais soupçonner d'être composé, annonçoit les vertus du dedans, & trahissoit l'envie qu'il avoit de les cacher. On voyoit aisément que son humilité étoit, non-pas un discours, mais un sentiment, fondé sur sa science même, & sa charité agissoit trop souvent pour n'avoir pas quelquefois, malgré toutes ses précautions, le déplaisir d'être découverte. Le desir général d'être utile aux autres étoit si connu en lui, que les témoignages favorables qu'il rendoit en perdoient une partie du poids qu'ils devoient avoir par eux-mêmes.

Le Cardinal Antoine Barberin, grand Aumônier de France, le fit Aumônier du Roi en 1656, car nous avions oublié de le dire, & c'est un point qui n'auroit pas été negligé dans un autre Eloge. Il fut pendant toute sa vie dans une extrême consideration auprés de nos plus grands Prélats. Cependant il n'a jamais possedé que de tres-petits Benefices, ce qui sert encore à peindre son caractere, &, pour dernier trait, il n'en a point possedé dont il ne se soit dépoüillé en faveur de quelqu'un.

CATALOGUE

des Ouvrages de Monsieur DU HAMEL.

Les trois Livres des Spheriques de Theodose & une Trigonometrie.

Astronomia Physica, seu De Luce, Natura, & Motibus corporum Cælestium Libri Duo. In priori Libro de Lumine, & Coloribus agitur. In posteriori universa Astronomia tum speculatrix, tum practica Physicè, & Geometricè, citra Euclidis opem demonstratur. Accessere Petri Petiti Observationes aliquot eclipsium Solis & Lunæ : cum Dissertationibus de Latitudine Lutetiæ, Declinatione

Magnetis, necnon de novo Systemate mundi quod Anonymus dudum proposuit. Parisiis. Petr. Lamy. 1660. in 4°.

De Meteoris & Fossilibus Libri duo. Parisiis. Petr. Lamy. 1660. in 4°.

De Consensu Veteris & Novæ Philosophiæ, ubi Platonis, Aristotelis, Epicuri, Cartesii aliorumque Placita de Principiis rerum excutiuntur, & de Principiis Chymicis. Paris. Carol. Savreux. 1663. in 4°.

Traduction Latine du Traité des Droits de la Feuë Reine sur le Brabant, sur Namur, & sur quelques autres Seigneuries des Païs-bas Espagnols : sous ce Titre : Reginæ Christianissimæ Jura in Ducatum Brabantiæ, & alios Ditionis Hispanicæ Principatus. 1667. in 4°.

Dissertatio de Privilegiis Monasterii sancti Germani Parisiensis. Ad Illust. Harduinum de Perefixe. Parisiis. Franç. Muguet. 1668. in 12°.

De Corporum Affectionibus cùm manifestis, tùm occultis, Libri duo: seu Promotæ per Experimenta Philosophiæ specimen. Parisiis. Mich. le Petit & Steph. Michallet. 1670. in 12°.

De Corpore Animato Libri quatuor: seu Promotæ per experimenta Philosophiæ specimen Alterum. Parisiis. Steph. Michallet 1673. in 12°.

De Mente Humana Libri quatuor: in quibus Functiones Animi, vires, natura, Immortalitas, simul & Logica universa variis illustrata experimentis pertractantur. Parisiis. Steph. Michallet 1677. in 12°.

Philosophia Vetus & Nova ad usum Scholæ accommodata, in Regia Burgundia olim pertractata Editio quarta. Parisiis. Steph. Michallet. 1687. in 12°. 6. vol.

Theologia speculatrix & Practica juxta SS. Patrum Dogmata pertractata, & ad usum Scholæ accommodata. Parisiis, Steph. Michallet. 1690. in 8°. 7 vol.

Theologiæ Clericorum Seminariis accommodatæ Summarium. Parisiis. Steph. Michallet. 1694. in 12°. 5 vol.

Annotationes selectæ in difficiliora Scripturæ Loca. Cum Prolegomenis, seu Institutionibus Biblicis. Paris. Steph. Michallet. 1699. in 12°. 2 vol.

Historia Regiæ Scientiarum Academiæ, in qua præter ipsius Academiæ originem & Progressus, variasque Dissertationes & Ob-

servationes per trigenta quatuor annos factas, quàm plurima experimenta & inventa, cùm Phisica, tùm Mathematica in certum ordinem digeruntur. Secunda Editio. Parisiis. Joan. Bapt. Delespine. 1701. in 4°.

Liber Psalmorum, cum selectis Annotationibus in loca difficiliora. Rothomagi. Guil. Behourt. 1701. in 12°.

Salomonis Libri tres, Proverbia, Ecclesiastes, & Canticum Canticorum. Item Liber Sapientiæ, & Ecclesiasticus cum selectis Annotationibus. Rothomagi. Guil. Behourt. 1703. in 12°.

Biblia Sacra, Vulgatæ Editionis, & Clementis VIII. Pont. Max. auctoritate recognita, Versiculis distincta. Una cum selectis Annotationibus ex optimis quibusque interpretibus excerptis, Prolego-

menis, novis Tabulis Chronologicis, Historicis & Geographicis illustrata, indiceque Epistolarum & Evangeliorum aucta. Parisiis. Joan. Bapt. Delespine. 1706. in folio.

Tous ses Ouvrages Philosophiques ont été imprimez à Nuremberg en 1681. en quatre volumes in quarto.

ELOGE

DE MONSIEUR REGIS.

PIERRE SILVAIN REGIS nâquit en 1632 à la Salvetat de Blanquefort dans le Comté d'Agenois. Son Pere vivoit noblement, & étoit assés riche, mais il eut beaucoup d'Enfans, & M. Regis qui étoit un des cadets se trouva avec peu de bien.

Aprés avoir fait avec éclat ses Humanités & sa Philosophie chés les Jesuites à Cahors, il étudia en Theologie dans l'Université de cette Ville, parcequ'il étoit destiné à l'Etat Ecclesiastique, & il ſe rendit ſi habile en 4 ans que le Corps de l'Univerſitè le ſollicitant de prendre le Bonnet de Docteur, lui offrit d'en faire tous les frais. Mais il ne s'en crut pas digne, qu'il n'eût étudié en Sorbonne à Paris. Il y vint, mais s'étant dégoûté de la longueur exceſſive de ce que dictoit un celebre Profeſſeur ſur la ſeule queſtion de l'heure de l'inſtitution de l'Euchariſtie, & ayant été frapé de la Philoſophie Carteſienne qu'il commença à connoître par les Conferences de M. Rohaut, il s'attacha entierement à cette Philoſophie, dont le charme, indépendamment même de la nouveauté, ne pouvoit manquer de ſe faire ſentir à un eſprit tel que le ſien. Il n'avoit plus que 4 ou 5 mois à demeurer à Paris, & il ſe hâta de s'inſtruire ſous M. Rohaut, qui de ſon côté, zelé pour ſa doctrine, donna tous ſes ſoins à un Diſciple qu'il croïoit propre à la répandre.

M. Regis étant parti de Paris avec une eſpece de miſſion de ſon Maître, alla établir la nouvelle Philoſophie à Toulouſe par des Conferences publiques qu'il commença d'y tenir en 1665. Il avoit une facilité agréable de parler, & le don d'amener les matieres abſtraites à la portée de ſes Auditeurs. Bien-tôt toute la Ville fut remuée par le nouveau Philoſophe, Sçavans, Magiſtrats, Eccleſiaſtiques, tout accourut pour l'entendre, les Dames même faiſoient partie de la foule, & ſi quelqu'un pouvoit partager avec lui la gloire de ce grand ſuccés, ce n'étoit du moins que l'illuſtre Deſcartes, dont il annonçoit les découvertes. On soûtint une These de pur Cartesianisme en François, dédiée à une des premieres Dames de Toulouse, que M. Regis avoit renduë fort habile Cartesienne, & il présida à cette These. On n'y disputa qu'en François, la Dame elle-même y résolut plusieurs difficultés considerables, & il semble qu'on affectât par toutes ces circonstances de faire une abjuration plus parfaite de l'ancienne Philosophie. Mrs de Toulouse, touchés des instructions & des lumieres que M. Regis leur avoit apportées, lui firent une pension sur leur Hôtel de Ville, évenement presque incroïable dans nos mœurs, & qui semble appartenir à l'ancienne Grece.

M. le Marquis de Vardes, alors exilé en Languedoc, étant venu à Toulouse, y connut aussi-tôt M. Regis, & l'obtint de la Ville avec quelque peine pour l'emmener avec lui dans son Gouvernement d'Aigues-mortes. Là, il se l'attacha entierement par l'estime, par l'amitié, & par le merite qu'il lui fit voir, & ce qui est à la gloire de l'un & de l'autre, il n'eut pas besoin de se l'attacher par d'autres moïens, qui passent ordinairement pour plus efficaces. Il tâcha de s'occuper avec lui, ou plûtôt de s'amuser de la Philosophie Cartesienne, & comme il avoit brillé par l'esprit dans une Cour tres-délicate, peut-être le Philosophe ne profita-t-il pas moins du commerce du Courtisan, que le Courtisan de celui du Philosophe. L'un de ces deux differens caracteres est ordinairement composé de tout ce qui manque à l'autre.

M. de Vardes alla à Montpellier en 1671, & M. Regis qui l'y accompagna y fit des Conferences avec le même applaudissement qu'à Toulouse. Mais enfin tous les grands talens doivent se rendre dans la Capitale, M. Regis y vint en 1680, & commença à tenir de semblables Conferences chés M. Lémery, membre aujourd'hui de cette Academie. Le concours du monde y fut si grand, qu'une maison de particulier en étoit incommodée, on venoit s'y assurer d'une place long-temps avant l'heure marquée pour l'ouverture, & peut-être la severité de cette Histoire ne me défend-elle pas de remarquer qu'on y voïoit tous les jours le plus agréable Acteur du Theatre Italien, qui hors delà cachoit sous un Masque & sous un badinage inimitable l'esprit sérieux d'un Philosophe.

Il ne faut pas réüssir trop ; les Conferences avoient un éclat qui leur devint funeste. Feu M. l'Archevêque de Paris, par déference pour l'ancienne Philosophie, donna à M. Regis un ordre de les suspendre, déguisé sous la forme de conseil ou de priere, & envelopé de beaucoup de loüanges. Ainsi le Public fut privé de ces Assemblées au bout de 6 mois, & au milieu de son goût le plus vif, & l'on ne fit peut-être, sans en avoir l'intention, que prévenir son inconstance, & augmenter son estime pour ce qu'il perdoit.

M. Regis plus libre ne songea plus qu'à faire imprimer un Sistême general de Philosophie, qu'il avoit composé, & qui étoit le principal sujet de son voyage à Paris.

Paris. Mais cette impreſſion fut traverſée auſſi pendant 10 ans. Enfin à force de temps & de raiſon toutes les oppoſitions furent ſurmontées, & l'Ouvrage parut en 1690 ſous ce titre, *Siſtême de Philoſophie contenant la Logique, la Metaphiſique, la Phiſique, & la Morale*, en 3 Volumes in 4°.

L'avantage d'un Siſtême general, eſt qu'il donne un ſpectacle plus pompeux à l'Eſprit, qui aime toûjours à voir d'un lieu plus élevé, & à découvrir une plus grande étenduë. Mais d'un autre côté c'eſt un mal ſans remede que les objets vûs de plus loin & en plus grand nombre le ſont auſſi plus confuſément. Differentes parties ſont liées pour la compoſition d'un Tout, & fortifiées mutuellement par cette union, mais chacune en particulier eſt traitée avec moins de ſoin, & ſouffre de ce qu'elle eſt partie d'un Siſtême general. Une ſeule matiere particuliere bien éclaircie ſatisferoit peut-être autant, ſans compter que dés-là qu'elle ſeroit bien éclaircie, elle deviendroit toûjours aſſés generale. Si l'on conſidere la gloire de l'Auteur, il ne reſte guere à qui entreprend un pareil ouvrage, que celle d'une compilation judicieuſe, & quoiqu'il puiſſe, comme M. Regis, y ajoûter pluſieurs idées nouvelles, le Public n'eſt guere ſoigneux de les démêler d'avec les autres.

Engagé comme il l'étoit à défendre la Philoſophie Carteſienne, il répondit en 1691 au Livre intitulé, *Cenſura Philoſophiæ Carteſianæ*, ſorti d'une des plus ſçavantes mains de l'Europe, & feu M. Bayle, tres-fin Connoiſſeur, ayant vû cette Réponſe jugea qu'elle devoit ſervir de modele à tout ce qu'on en feroit à l'avenir pour la même cauſe. L'année ſuivante M. Regis ſe défendit lui-même contre un habile Profeſſeur de Philoſophie, qui avoit attaqué ſon Siſtême general. Ces deux Réponſes qu'il ſe crut obligé de donner en peu de temps, & une augmentation de plus d'un tiers qu'il avoit faite immediatement auparavant à ſon Siſtême dans le temps même qu'on l'imprimoit, lui cauſerent des infirmités qui n'ont fait qu'augmenter toûjours dans la ſuite. La Philoſophie elle-même a ſes paſſions & ſes excés, qui ne demeurent pas impunis.

M. Regis eut à ſoûtenir encore de plus grandes conteſtations. Il avoit attaqué dans ſa Phiſique l'explication que le P. Mallebranche avoit donnée dans sa Recherche de la Verité de ce que la Lune paroît plus grande à l'Horison qu'au Meridien. Ils écrivirent de part & d'autre, & la question principale se réduisit entre eux à sçavoir, si la grandeur apparente d'un objet dépendoit uniquement de la grandeur de son image tracée sur la Retine, ou de la grandeur de son image, & du jugement naturel que l'Ame porte de son éloignement, de sorte que, tout le reste étant égal, elle le dût voir d'autant plus grand, qu'elle le jugeroit plus éloigné. M. Regis avoit pris le premier parti, le P. Mallebranche le second, & ce dernier soûtenoit qu'un Géant 6 fois plus haut qu'un Nain, & placé à 12 pieds de distance, ne laissoit pas de paroître plus haut que le Nain placé à 2 pieds, malgré l'égalité des images qu'ils formoient dans l'œil, & cela, parcequ'on voïoit le Géant comme plus éloigné, à cause de l'interposition de differens objets. Il nioit même à M. Regis que l'image de la Lune à l'Horizon fût augmentée par les refractions, du moins de la maniere dont elle auroit dû l'être pour ce phenomene, & il ajoûtoit differentes experiences par lesquelles la Lune cessoit de paroître plus grande dés qu'elle étoit vûë de façon qu'on ne la jugeât pas plus éloignée. M. Regis cependant défendit toûjours son opinion, & comme les Ecrits, selon la coûtume de toutes les disputes, se multiplioient assés inutilement, le P. Mallebranche se crut en droit de terminer la question par la voïe de l'autorité, mais d'une autorité telle qu'on la pouvoit emploïer en matiere de Science. Il prit une Atteſtation de 4 Geometres des plus fameux, qui déclarerent que *les preuves qu'il apportoit de ſon ſentiment étoient démonſtratives, & clairement déduites des veritables principes de l'Optique.* Ces Geometres étoient feu M. le Marquis de l'Hôpital, M. l'Abbé Catelan, M. Sauveur, & M. Varignon. M. Regis fit en cette occaſion ce que lui inſpira un premier mouvement de la nature, il tâcha de trouver des reproches contre chacun d'eux. Le Journal des Sçavans de l'an 1694 fut le Theatre de cette guerre.

Il le fut encore, du moins en partie, d'une autre guerre entre les mêmes Adverſaires. M. Regis dans ſa Metaphiſique avoit ſouvent attaqué celle du P. Mallebranche. Une de leurs principales contestations roula sur la nature des Idées, sur leur cause ou efficiente, ou exemplaire, matiere si sublime & si abstraite, que s'il n'est pas permis à l'Esprit humain d'y trouver une entiere certitude, ce sera pour lui une assés grande gloire d'avoir pû y parvenir à des doutes fondés & raisonnés. Les deux Metaphisiciens agiterent encore, *si le plaisir nous rend actuellement heureux*, & se partagerent aussi sur cette question, qui paroît moins metaphisique. Comme les Ouvrages du P. Mallebranche lui avoient fait plusieurs Disciples habiles & zelés, quelques-uns écrivirent aussi contre M. Regis, qui se contenta d'avoir paru sur la lice avec leur Maître.

L'inclination qu'il avoit toûjours conservée pour la Theologie, & l'amour de la Religion, lui inspirerent ensuite une autre entreprise, déja tentée plusieurs fois par de grands Hommes, digne de tous leurs efforts, & de leur plus sage ambition, & plus necessaire que jamais dans un Siécle aussi éclairé que celui-ci. Il la finit en 1704, malgré ses infirmités continuelles, & publia un Livre in 4° sous ce titre, *L'Usage de la Raison & de la Foi, ou l'Accord de la Foi & de la Raison.* Il le dédia à M. l'Abbé Bignon, à qui il dit dans son Epitre, *qu'il ne pouvoit citer les Ennemis ou de la Raison ou de la Foi devant un Juge à qui les droits de l'une & de l'autre fussent mieux connus, & que si on le recusoit, ce ne seroit que parcequ'il s'étoit trop déclaré pour toutes les deux.* La maniere dont il parvient à cet Accord

Accord si difficile est celle qu'emploïeroit un Arbitre éclairé à l'égard de deux Freres, entre lesquels il voudroit étouffer toutes les semences de division. M. Regis fait un partage si net entre la Raison & la Foi, & assigne à chacune des objets & des emplois si séparés, qu'elles ne peuvent plus avoir, pour ainsi dire, aucune occasion de se broüiller. La Raison conduit l'Homme jusqu'à une entiere conviction des preuves historiques de la Religion Chrétienne, aprés quoi elle le livre & l'abandonne à une autre lumiere, non-pas contraire, mais toute differente, & infiniment superieure. L'éloignement où M. Regis tient la Raison & la Foi ne leur permet pas de se réünir dans des Sistêmes qui accommodent les idées de quelque Philosophe dominant à la Revelation, ou quelquefois même la Revelation à ces idées. Il ne veut point que ni Platon, ni Ariſtote, ni Deſcartes même appuïent l'Evangile, il paroît croire que tous les Siſtêmes philoſophiques ne ſont que des modes, & il ne faut point que des verités éternelles s'allient avec des opinions paſſageres, dont la ruïne leur doit être indifferente. On doit s'en tenir à la majeſtueuſe ſimplicité des Conciles, qui décident toûjours le Dogme divin, ſans y mêler des explications humaines. Tel eſt l'eſprit general de l'Ouvrage, du moins par rapport au titre, car M. Regis y fait entrer une Theorie des Facultés de l'Homme, de l'Entendement, de la Volonté, &c. plus ample qu'il n'étoit abſolument neceſſaire. Il lui a donné même pour concluſion un Traité de l'Amour de Dieu, parceque cette matiere, qui, ſi l'on vouloit, ſeroit fort ſimple, venoit d'être agitée par de grands Hommes avec beaucoup de ſubtilité. Enfin il a joint à tout le Livre une refutation du Siſtême de Spinoſa. Il a été réduit à en déveloper les obſcurités, neceſſaires pour couvrir l'erreur, mais heureuſement peu propres pour la ſeduction.

C'eſt par-là qu'il a fini ſa carriere ſçavante. Ses infirmités qui devinrent plus continuës & plus douloureuſes, ne lui permirent plus le travail. La maniere dont il les ſoûtint pendant pluſieurs années fut un exemple du plus noble & du plus difficile uſage que l'on puiſſe faire de la Raiſon & de la Foi tout enſemble. Il mourut le 11 Janvier 1707 chés

M. le Duc de Rohan, qui lui avoit donné un appartement dans son Hôtel, outre la pension qu'il avoit été chargé de lui payer par le Testament de M. le Marquis de Vardes son Beau-pere.

Il étoit entré dans l'Academie en 1699, lorsqu'elle se renouvella, mais à cause de ses maladies il ne fit presque aucune fonction Academique; seulement son nom servit à orner une Liste où le Public eût été surpris de ne le pas trouver.

Il avoit eu toute sa vie beaucoup de commerce avec des personnes du premier rang. Feu M. l'Archevêque de Paris, en lui défendant les Assemblées, l'avoit engagé à le venir voir à de certains temps marqués pour l'entretenir sur les mêmes matieres, & peut-être la gloire de M. Regis augmentoit-elle de ce qu'un Prélat si éclairé prenoit la place du Public. Feu M. le Prince, dont le genie embrassoit tout, l'envoyoit chercher souvent, & il a dit plusieurs fois qu'il ne pouvoit s'empêcher de prendre pour vrai ce qui lui étoit expliqué si nettement.

Sa réputation alla même jusque dans les Païs étrangers lui faire des amis élevés aux plus grandes places. Tel étoit M. le Duc d'Escalone, Grand d'Espagne, aujourd'hui Viceroi de Naples. Ce Seigneur, plus curieux & plus touché des Sciences que ne l'est jusqu'ici le reste de sa Nation, avoit pris pour lui une estime singuliere sur son Sistême general qu'il avoit étudié avec beaucoup de soin, & quand à la Journée du Ter * où il commandoit l'Armée Espagnole ses Equipages furent

* En 1694.

pris par l'Armée victorieuse de M. le Maréchal de Noailles, il ne lui envoya redemander que les Commentaires de Cesar, & le Livre de M. Regis, qui étoient dans sa Cassette. M. le Comte de Sant-Estevan de Gormas son fils étant venu en France en 1706, il alla voir le Philosophe par ordre de son pere, & aprés la premiere visite, ce ne fut plus par obéïssance qu'il lui en rendit. M. le Duc d'Albe, Ambassadeur de S. M. Catholique, lui a fait le même honneur à la priere de M. le Vice-roi de Naples.

Les mœurs de M. Regis étoient telles que l'étude de la Philosophie les peut former, quand elle ne trouve pas trop de résistance du côté de la nature. Les occasions qu'il a euës par rapport à la fortune lui ont été aussi peu utiles qu'elles le devoient être, une grande eſtime & une amitié fort vive que le feu P. Ferrier Confeſſeur du Roi avoit priſes pour lui à Toulouſe pendant ſes Conferences, ne lui valurent qu'une tres-modique penſion ſur la Preceptoriale d'Aigues-mortes. Quoiqu'il fût accoûtumé à inſtruire, ſa converſation n'en étoit pas plus imperieuſe, mais elle étoit plus facile & plus ſimple, parce qu'il étoit accoûtumé à ſe proportionner à tout le monde. Son ſçavoir ne l'avoit pas rendu dédaigneux pour les Ignorans, & en effet on l'eſt ordinairement d'autant moins à leur égard, que l'on ſçait davantage, car on en ſçait mieux combien on leur reſſemble encore.

CATALOGUE

des Ouvrages de Monſieur

REGIS.

S*Yſtême de Philoſophie, contenant la Logique, la Metaphyſique, la Phyſique, & la Morale.* Pariſ. de l'Imprimerie de Denis Thierry aux depens d'Aniſſon, Poſuel, & Rigaud. 1690. in 4°. 3. vol.

Reponſe au Livre qui a pour titre; Pet. Dan. Huetii Cenſura Philoſophiæ Carteſianæ, *ſervant d'Eclairciſſement à toutes les parties de la Philoſophie, ſur tout à la Metaphiſique.* Pariſ. Jean Cuſſon. 1692. in 12°.

Reponse aux Reflexions Critiques de M. du Hamel sur le Systême Cartesien de la Philosophie de M. Regis. Paris. Jean Cusson. 1692. in 12°.

L'usage de la Raison & de la Foy, ou l'accord de la Foy & de la Raison. Paris. Jean Cusson. 1704. in 4°.

ELOGE
DE MONSIEUR LE MARÉCHAL DE VAUBAN.

SEBASTIEN LE PRESTRE, Chevalier, Seigneur de Vauban, Basoches, Pierre-pertuis, Poüilly, Cervon, la Chaume, Epiry, le Creuset, & autres lieux, Maréchal de France, Chevalier des Ordres du Roi, Commissaire general des Fortifications, Grand-Croix de l'Ordre de S. Loüis, & Gouverneur de la Citadelle de l'Isle, nâquit le 1er jour de Mai 1633 d'Urbain le Prêtre, & d'Aimée de Carmagnol. Sa famille est d'une bonne noblesse du Nivernois, & elle possede la Seigneurie de Vauban depuis plus de 250 ans.

Son Pere, qui n'étoit qu'un Cadet, & qui de plus s'étoit ruïné dans le service, ne lui laissa qu'une bonne éducation, & un Mousquet. A l'âge de 17 ans, c'est à dire en 1651, il entra dans le Regiment de Condé, Compagnie d'Arcenai. Alors feu M. le Prince étoit dans le parti des Espagnols.

Les premieres Places fortifiées qu'il vit le firent Ingenieur, par l'envie qu'elles lui donnerent de le devenir. Il se mit à étudier avec ardeur la Geometrie, & principalement la Trigonometrie, & le Toisé, & dés l'an 1632 il fut emploïé aux Fortifications de Clermont en Lorraine. La même année il servit au premier Siége de Sainte Menehout, où il fit quelques logemens, & passa une Riviere à nage sous le feu des Ennemis pendant l'assaut, action qui lui attira de ses Superieurs beaucoup de loüanges & de caresses.

En 1653 il fut pris par un parti François. M. le Cardinal Mazarin le crut digne dés-lors qu'il tâchât de l'engager au service du Roi, & il n'eut pas de peine à réussir avec un Homme, né le plus fidelle sujet du monde. En cette même année, M. de Vauban servit d'Ingenieur en second sous le Chevalier de Clerville au second Siége de Sainte Menehout, qui fut reprise par le Roi, & ensuite il fut chargé du soin de faire réparer les Fortifications de la Place.

Dans les années ſuivantes, il fit les fonctions d'Ingenieur aux Siéges de Stenai, de Clermont, de Landrecy, de Condé, de S. Guilain, de Valenciennes. Il fut dangereuſement bleſſé à Stenai, & à Valenciennes, & n'en ſervit preſque pas moins. Il reçût encore trois bleſſures au Siége de Montmedi en 1657, & comme la Gazette en parla, on apprit dans ſon Païs ce qu'il étoit devenu, car depuis 6 ans qu'il en étoit parti, il n'y étoit point retourné, & n'y avoit écrit à perſonne, & ce fut-là la ſeule maniere dont il y donna de ſes nouvelles.

M. le Maréchal de la Ferté, ſous qui il ſervoit alors, & qui l'année précedente lui avoit fait preſent d'une Compagnie dans ſon Regiment, lui en donna encore une dans un autre Regiment, pour lui tenir lieu de penſion, & lui prédît hautement que ſi la Guerre pouvoit l'épargner, il parviendroit aux premieres dignités.

En 1658 il conduiſit en chef les attaques des Siéges de Gravelines, d'Ypres, & d'Oudenarde. M. le Cardinal Mazarin, qui n'accordoit pas les gratifications ſans ſujet, lui en donna une aſſés honnête, & l'accompagna de loüanges, qui, ſelon le caractere de M. de Vauban, le payerent beaucoup mieux.

Il nous ſuffit d'avoir repreſenté avec quelque détail ces premiers commencemens, plus remarquables que le reſte dans une Vie illuſtre, quand la Vertu dénuée de tout ſecours étranger a eu beſoin de ſe faire jour à elle-même. Deſormais M. de Vauban eſt connu, & son Histoire devient une partie de l'Histoire de France.

Aprés la paix des Pirenées, il fut occupé ou à démolir des Places, ou à en construire. Il avoit déja quantité d'idées nouvelles sur l'Art de fortifier, peu connu jusque-là. Ceux qui l'avoient pratiqué, ou qui en avoient écrit s'étoient attachés servilement à certaines regles établies quoique peu fondées, & à des especes de superstitiõns, qui dominent toûjours long-temps en chaque genre, & ne disparoissent qu'à l'arrivée de quelque Genie superieur. D'ailleurs ils n'avoient point vû de Siéges, ou n'en avoient pas assés vû, leurs Methodes de fortifier n'étoient tournées que par rapport à certains cas particuliers qu'ils connoissoient, & ne s'étendoient point à tout le reste. M. de Vauban avoit déja beaucoup vû & avec de bons yeux, il augmentoit sans cesse son experience par la lecture de tout ce qui avoit été écrit sur la Guerre, il sentoit en lui ce qui produit les heureuses nouveautés, ou plûtôt ce qui force à les produire, & enfin il osa se déclarer Inventeur dans une matiere si perilleuse, & le fut toûjours jusqu'à la fin. Nous n'entrerons point dans le détail de ce qu'il inventa, il seroit trop long, & toutes les Places fortes du Royaume doivent nous l'épargner.

Quand la guerre recommença en 1667, il eut la principale conduite des Siéges que le Roi fit en personne. S. M. voulut bien faire voir qu'il étoit de sa prudence de s'en assurer ainsi le succés. Il reçut

au

au Siége de Doüai un coup de mousquet à la joue, dont il a toûjours porté la marque. Aprés le Siége de l'Isle qu'il prit sous les Ordres du Roi en 9 jours de tranchée ouverte, il eut une gratification considerable, beaucoup plus necessaire pour contenter l'inclination du Maître, que celle du Sujet. Il en a reçû encore en differentes occasions un grand nombre, & toûjours plus fortes, mais pour mieux entrer dans son caractere nous ne parlerons plus de ces sortes de récompenses, qui n'en étoient presque pas pour lui.

Il fut occupé en 1668 à faire des projets de Fortifications pour les Places de la Franche-Comté, de Flandre, & d'Artois. Le Roi lui donna le Gouvernement de la Citadelle de l'Isle, qu'il venoit de construire, & ce fut le premier Gouvernement de cette nature en France. Il ne l'avoit point demandé, & il importe & à la gloire du Roi & à la ſienne que l'on ſçache que de toutes les graces qu'il a jamais reçûës, il n'en a demandé aucune, à la réſerve de celles qui n'étoient pas pour lui. Il eſt vrai que le nombre en a été ſi grand qu'elles épuiſoient le droit qu'il avoit de demander.

La Paix d'Aix la Chapelle étant faite, il n'en fut pas moins occupé. Il fortifia des Places en Flandre, en Artois, en Provence, en Rouſſillon, ou du moins fit des deſſeins qui ont été depuis executés. Il alla même en Piémont avec M. de Louvois, & donna à M. le Duc de Savoye des deſſeins pour Veruë, Verceil, & Turin. A ſon départ, S. A. R. lui fit preſent de ſon Portrait enrichi de Diamans. Il eſt le ſeul Homme de guerre pour qui la Paix ait toûjours été auſſi laborieuſe que la Guerre même.

Quoique ſon emploi ne l'engageât qu'à travailler à la ſûreté des Frontieres, ſon amour pour le bien public lui faiſoit porter ſes vûës ſur les moïens d'augmenter le bonheur du dedans du Royaume. Dans tous ſes Voyages il avoit une curioſité, dont ceux qui ſont en place ne ſont communément que trop exempts. Il s'informoit avec ſoin de la valeur des Terres, de ce qu'elles rapportoient, de la maniere de les cultiver, des facultés des Païſans, de leur nombre, de ce qui faiſoit leur nourriture ordinaire, de ce que leur pouvoit valoir en un jour le travail de leurs mains, détails méprisables & abjects en apparence, & qui appartiennent cependant au grand Art de gouverner. Il s'occupoit ensuite à imaginer ce qui auroit pû rendre le Païs meilleur, de grands Chemins, des Ponts, des Navigations nouvelles, Projets dont il n'étoit pas possible qu'il esperât une entiere execution, especes de songes, si l'on veut, mais qui du moins, comme la plûpart des veritables songes, marquoient l'inclination dominante. Je sçai tel Intendant de Province qu'il ne connoissoit point, & à qui il a écrit pour le remercier d'un nouvel établissement utile, qu'il avoit vû en voyageant dans son département. Il devenoit le debiteur particulier de quiconque avoit obligé le Public.

La guerre qui commença en

1672 lui fournit une infinité d'occasions glorieuses, sur tout dans ce grand nombre de Siéges que le Roi fit en personne, & que M. de Vauban conduisit tous. Ce fut à celui de Mastrict en 1673 qu'il commença à se servir d'une Methode singuliere pour l'attaque des Places, qu'il avoit imaginée par une longue suite de reflexions, & qu'il a depuis toûjours pratiquée. Jusque-là il n'avoit fait que suivre avec plus d'adresse & de conduite les regles déja établies, mais alors il en suivit d'inconnuës, & fit changer de face à cette importante partie de la Guerre. Les fameuses Paralleles & les Places d'Armes parurent au jour; depuis ce temps, il a toûjours inventé sur ce sujet, tantôt les Cavaliers de tranchée, tantôt un nouvel usage des Sapes & des demi Sapes, tantôt les Batteries en ricochet, & par-là il avoit porté son Art à une telle perfection, que le plus souvent, ce qu'on n'auroit jamais osé esperer, devant les Places les mieux défenduës il ne perdoit pas plus de monde que les Assiegés.

C'étoit-là son but principal, la conservation des Hommes. Non-seulement l'interest de la guerre, mais aussi son humanité naturelle les lui rendoit chers. Il leur sacrifioit toûjours l'éclat d'une conquête plus prompte, & une gloire assés capable de seduire, &, ce qui est encore plus difficile, quelquefois il résistoit en leur faveur à l'impatience des Generaux, & s'exposoit aux redoutables discours du Courtisan oisif. Aussi les Soldats lui obéïssoient-ils avec un entier dévoüement, moins animés encore par l'extrême confiance qu'ils avoient à sa capacité, que par la certitude & la reconnoissance d'être ménagés autant qu'il étoit possible.

Pendant toute la guerre que la Paix de Nimegue termina, sa vie fut une action continuelle, & tres-vive; former des desseins de Siéges, conduire tous ceux qui furent faits, du moins dés qu'ils étoient de quelque importance, réparer les Places qu'il avoit prises, & les rendre plus fortes, visiter toutes les Frontieres, fortifier tout ce qui pouvoit être exposé aux Ennemis, se transporter dans toutes les Armées, & souvent d'une extrémité du Royaume à l'autre.

Il fut fait Brigadier d'Infanterie en 1674, Maréchal de Camp en 1676, & en 1678 Commissaire

General des Fortifications de France, Charge qui vaquoit par la mort de M. le Chevalier de Clerville. Il se défendit d'abord de l'accepter, il en craignoit ce qui l'auroit fait desirer à tout autre, les grandes relations qu'elle lui donnoit avec le Ministere. Cependant le Roi l'obligea d'autorité à prendre la Charge, & il faut avoüer que malgré toute sa droiture il n'eut pas lieu de s'en repentir. La Vertu ne laisse pas de réüssir quelquefois, mais ce n'est qu'à force de temps & de preuves redoublées.

La Paix de Nimegue lui ôta le penible emploi de prendre des Places, mais elle lui en donna un plus grand nombre à fortifier. Il fit le fameux Port de Dunquerque, son Chef-d'œuvre, & par consequent celui de son Art. Strasbourg

bourg & Casal, qui passerent en 1681 sous le pouvoir du Roi, furent ensuite ses travaux les plus considerables. Outre les grandes & magnifiques Fortifications de Strasbourg, il y fit faire pour la navigation de la Bruche des Eclusses, dont l'execution étoit si difficile, qu'il n'osa la confier à personne, & la dirigea toûjours par lui-même.

La guerre recommença en 1683, & lui valut l'annéesuivante la gloire de prendre Luxemboug, qu'on avoit cru jusque-là imprenable, & de le prendre avec fort peu de perte. Mais la guerre naissante ayant été étouffée par la Treve de 1684, il reprit ses fonctions de Paix, dont les plus brillantes furent l'Aqueduc de Maintenon, de nouveaux Travaux qui perfectionnent le Canal de la communication des Mers, Montroyal, & Landau.

Il ſemble qu'il auroit dû trahir les ſecrets de ſon Art par la grande quantité d'Ouvrages qui ſont ſortis de ſes mains. Auſſi a-t-il paru des Livres dont le titre promettoit la veritable maniere de fortifier ſelon M. de Vauban, mais il a toûjours dit, & il a fait voir par ſa pratique qu'il n'avoit point de maniere. Chaque Place differente lui en fourniſſoit une nouvelle ſelon les differentes circonſtances de ſa grandeur, de ſa ſituation, de ſon terrain. Les plus difficiles de tous les Arts ſont ceux dont les objets ſont changeans, qui ne permettent point aux Eſprits bornés l'application commode de certaines Regles fixes, & qui demandent à chaque moment les reſſources naturelles &

imprévûës d'un genie heureux.

En 1688, la Guerre s'étant rallumée, il fit ſous les Ordres de Monſeigneur les Siéges de Philiſbourg, de Manheim, & de Frankendal. Ce grand Prince fut ſi content de ſes ſervices, qu'il lui donna 4 Pieces de canon à ſon choix pour mettre à ſon Château de Bazoche, récompenſe vraïement militaire, privilege unique, & qui plus que tout autre convenoit au Pere de tant de Places fortes. La même année il fut fait Lieutenant General.

L'année ſuivante il commanda à Dunquerque, Bergues, & Ypres, avec ordre de s'enfermer dans celle de ces Places qui ſeroit aſſiegée, mais ſon nom les en préſerva.

L'année 1690 fut ſinguliere entre toutes celles de ſa vie; il n'y fit presque rien, parcequ'il avoit pris une grande & dangereuse maladie à faire travailler aux Fortifications d'Ypres, qui étoient fort en desordre, & à être toûjours present sur les travaux. Mais cette oisiveté qu'il se seroit presque reprochée finit en 1691 par la prise de Mons, dont le Roi commanda le Siége en personne. Il commanda aussi l'année d'aprés celui de Namur, & M. de Vauban le conduisit de sorte qu'il prit la Place en 30 jours de tranchée ouverte, & n'y perdit que 800 Hommes, quoiqu'il s'y fût fait 5 actions de vigueur tres-considerables

Il faut passer par dessus un grand nombre d'autres exploits, tels que le Siége de Charleroi en 93, la défense de la basse-Bretagne contre les Descentes des Ennemis en 94 & 95, le Siége d'Ath en 97,

& nous hâter de venir à ce qui touche de plus prés cette Academie. Lorsqu'elle se renouvella en 99, elle demanda au Roi M. de Vauban pour être un de ses Honoraires, & si la bienséance nous permet de dire qu'une place dans cette Compagnie soit la récompense du merite, aprés toutes celles qu'il avoit reçûës du Roi en qualité d'Homme de guerre, il falloit qu'il en reçût une d'une Societé de Gens de Lettres en qualité de Mathematicien. Personne n'avoit mieux que lui rappellé du Ciel les Mathematiques, pour les occuper aux besoins des Hommes, & elles avoient pris entre ses mains une utilité aussi glorieuse peut-être que leur plus grande sublimité. De plus, l'Academie lui devoit une reconnoissance particuliere de l'estime qu'il avoit toûjours cuë pour elle ; les avantages ſolides que le Public peut tirer de cet établiſſement avoient touché l'endroit le plus ſenſible de ſon ame.

Comme aprés la Paix de Riſwic il ne fut plus emploïé qu'à viſiter les Frontieres, à faire le tour du Royaume, & à former de nouveaux Projets, il eut beſoin d'avoir encore quelque autre occupation, & il ſe la donna ſelon ſon cœur. Il commença à mettre par écrit un prodigieux nombre d'idées qu'il avoit ſur differens ſujets qui regardoient le bien de l'Etat, non-ſeulement ſur ceux qui lui étoient les plus familiers, tels que les Fortifications, le détail des Places, la Diſcipline militaire, les Campemens, mais encore ſur une infinité d'autres matieres qu'on auroit cruës plus éloignées de son usage, sur la Marine, sur la Course par mer en temps de guerre, sur les Finances même, sur la Culture des Forests, sur le Commerce, & sur les Colonies Françoises en Amerique. Une grande passion songe à tout. De toutes ces differentes vûës il a composé 12 gros Volumes Manuscrits, qu'il a intitulés ses *Oisivetés*. S'il étoit possible que les idées qu'il y propose s'executassent, ses Oisivetés seroient plus utiles que tous ses travaux.

La succession d'Espagne ayant fait renaître la guerre, il étoit à Namur au commencement de l'année 1703, & il y donnoit ordre à des réparations necessaires, lorsqu'il apprit que le Roi l'avoit honoré du Bâton de Maréchal de France. Il s'étoit opposé lui-même quelque temps auparavant à cette ſuprême élevation, que le Roi lui avoit annoncée, il avoit repreſenté qu'elle empêcheroit qu'on ne l'emploïât avec des Generaux du même rang, & feroit naître des embarras contraires au bien du ſervice. Il aimoit mieux être plus utile, & moins récompenſé, & pour ſuivre ſon goût, il n'auroit fallu payer ſes premiers travaux que par d'autres encore plus neceſſaires.

Vers la fin de la même année il ſervit ſous Monſeigneur le Duc de Bourgogne au Siége du vieux Briſach, Place tres-conſiderable, qui fut réduite à capituler au bout de 13 jours & demi de tranchée ouverte, & qui ne coûta pas 300 Hommes. C'eſt par ce Siége qu'il a fini, & il y fit voir tout ce que pouvoit ſon Art, comme s'il eût voulu reſigner alors tout entier entre les mains du Prince qu'il avoit pour Spectateur & pour Chef.

Le titre de Maréchal de France produisit les inconveniens qu'il avoit prévûs ; il demeura deux ans inutile. Je l'ai entendu souvent s'en plaindre ; il protestoit que pour l'interest du Roi & de l'Etat il auroit foulé aux pieds la dignité avec joïe. Il l'auroit fait, & jamais il ne l'eût si bien meritée, jamais même il n'en eût si bien soûtenu le veritable éclat.

Il se consoloit avec ses sçavantes Oisivetés. Il n'épargnoit aucune dépense pour amasser la quantité infinie d'instructions & de Memoires dont il avoit besoin, & il occupoit sans cesse un grand nombre de Secretaires, de Dessinateurs, de Calculateurs, & de Copistes. Il donna au Roi en

1704 un gros Manuſcrit, qui contenoit tout ce qu'il y a de plus fin & de plus ſecret dans la conduite de l'Attaque des Places, preſent le plus noble qu'un Sujet puiſſe jamais faire à ſon Maître, & que le Maître ne pouvoit recevoir que de ce ſeul Sujet.

En 1706, aprés la Bataille de Ramilli M. le Maréchal de Vauban fut envoyé pour commander à Dunquerque, & ſur la Côte de Flandre. Il raſſura par ſa preſence les eſprits étonnés, il empêcha la perte d'un païs qu'on vouloit noyer pour prévenir le Siége de Dunquerque, & le prévint d'ailleurs par un Camp retranché qu'il fit entre cette Ville & Bergues, de ſorte que les Ennemis euſſent été obligés de faire en même temps l'inveſtiture de Dunquerque, de Bergues, & de ce Camp, ce qui étoit absolument impraticable.

Dans cette même Campagne, plusieurs de nos Places ne s'étant pas défenduës comme il auroit souhaité, il voulut défendre par ses conseils toutes celles qui seroient attaquées à l'avenir, & commença sur cette matiere un Ouvrage qu'il destinoit au Roi, & qu'il n'a pû finir entierement. Il mourut le 30 Mars 1707 d'une fluxion de poitrine accompagnée d'une grosse fievre qui l'emporta en 8 jours, quoiqu'il fût d'un temperament tres-robuste, & qui sembloit lui promettre encore plusieurs années de vie. Il avoit 74 ans, moins un mois.

Il avoit épousé Jeanne d'Aunoi de la Famille des Barons d'Espiri en Nivernois, morte avant lui. Il en a laissé deux filles, M^e la Comtesse de Villebertin, & Me la Marquise d'Ussé.

Si l'on veut voir toute sa Vie militaire en abregé, il a fait travailler à 300 Places anciennes, & en a fait 33 neuves; il a conduit 53 Siéges, dont 30 ont été faits sous les Ordres du Roi en personne, ou de Monseigneur, ou de Monseigneur le Duc de Bourgogne, & les 23 autres sous differens Generaux; il s'est trouvé à 140 actions de vigueur.

Jamais les traits de la simple Nature n'ont été mieux marqués qu'en lui, ni plus exempts de tout mêlange étranger. Un sens droit & étendu, qui s'attachoit au Vrai par une espece de simpatie, & sentoit le Faux sans le discuter, lui épargnoit les longs circuits par où les autres marchent, & d'ailleurs sa Vertu étoit en quelque ſorte un inſtinct heureux, ſi prompt qu'il prévenoit ſa raiſon. Il mépriſoit cette politeſſe ſuperficielle dont le monde ſe contente, & qui couvre ſouvent tant de barbarie, mais ſa bonté, ſon humanité, ſa liberalité lui compoſoient une autre politeſſe plus rare, qui étoit toute dans ſon cœur. Il ſeyoit bien à tant de vertu de negliger des dehors, qui, à la verité, lui appartiennent naturellement, mais que le vice emprunte avec trop de facilité. Souvent M. le Maréchal de Vauban a ſecouru de ſommes aſſés conſiderables des Officiers qui n'étoient pas en état de ſoûtenir le ſervice, & quand on venoit à le ſçavoir, il diſoit qu'il prétendoit leur reſtituer ce qu'il recevoit de trop des bienfaits du Roi. Il en a été comblé pendant tout le cours d'une longue vie, &

il a eu la gloire de ne laisser en mourant qu'une fortune mediocre. Il étoit passionnément attaché au Roi, Sujet plein d'une fidelité ardente & zelée, & nullement Courtisan ; il auroit infiniment mieux aimé servir que plaire. Personne n'a été si souvent que lui, ni avec tant de courage, l'introducteur de la Verité ; il avoit pour elle une passion presque imprudente, & incapable de ménagement. Ses mœurs ont tenu bon contre les Dignités les plus brillantes, & n'ont pas même combatu. En un mot, c'étoit un Romain qu'il sembloit que nôtre Siécle eût dérobé aux plus heureux temps de la Republique.

ELOGE

DE MONSIEUR

L'ABBE' GALLOIS.

JEAN GALLOIS, nâquit à Paris le 14 Juin 1632 d'Ambroise Gallois Avocat au Parlement, & de Françoise de Launai.

Son inclination pour les Lettres se déclara, dés qu'il pût laisser paroître quelque inclination, & elle se fortifia toûjours dans la suite. Il s'engagea dans l'Etat Ecclesiastique, & reçût l'Ordre de Prêtrise. Son devoir lui fit tourner ses principales études du côté de la Theologie, de l'Histoire

Ecclesiastique, des Peres, & de l'Ecriture Sainte, il alla même jusqu'aux Langues Orientales, necessaires du moins à qui veut remonter jusqu'aux premieres sources de la Theologie, mais il ne renonça ni à l'Histoire profane, ni aux Langues vivantes, telles que l'Italien, l'Espagnol, l'Anglois & l'Allemand, ni aux Mathematiques, ni à la Phisique, ni à la Medecine même, car son ardeur de sçavoir embrassoit tout, & s'il est vrai qu'une érudition si partagée soit moins propre à faire une réputation singuliere, elle l'est du moins beaucoup plus à étendre l'Esprit en tous sens, & à l'éclairer de tous côtés.

Outre la connoissance des choses que les Livres contiennent, M. l'Abbé Gallois avoit encore celle des Livres eux-mêmes, science ce presque separée des autres, quoiqu'elle en résulte, & produite par une curiosité vive qui ne neglige aucune partie de son objet.

Le premier travail que le Public ait vû de M. l'Abbé Gallois a été la traduction Latine du Traité de Paix des Pirenées, imprimée par ordre du Roi, mais bientôt son nom devint plus illustre par le Journal des Sçavans. Ce fut en 1665 que parut pour la premiere fois cet Ouvrage dont l'idée étoit si neuve & si heureuse, & qui subsiste encore aujourd'hui avec plus de vigueur que jamais, accompagné d'une nombreuse posterité issuë de lui, & répanduë par toute l'Europe sous les differens noms de *Nouvelles de la Republique des Lettres*, d'*Histoire des Ouvrages des Sçavans*, de *Bibliotheque universelle*, de *Bibliotheque choisie*, d'Acta Eruditorum, de *Transactions Philosophiques*, de *Memoires pour l'Histoire des Sciences & des beaux Arts, &c.* M. de Sallo Conseiller Ecclesiastique au Parlement en avoit conçû le dessein, & il s'associa M. l'Abbé Gallois qui par la grande varieté de son érudition sembloit né pour ce travail, & qui de plus, ce qui n'est pas commun chés ceux qui sçavent tout, sçavoit le François, & écrivoit bien.

Le Journal prit dés sa naissance un ton trop hardi, & censura trop librement la plûpart des Ouvrages qui paroissoient. La Republique des Lettres, qui voyoit sa liberté menacée, se souleva, & le Journal fut arrêté au bout de 3 mois. Mais comme le projet par lui-même en étoit excellent, on ne voulut pas le perdre, & M. de

Sallo l'abandonna entierement à M. l'Abbé Gallois, qui ouvrit l'année 1666 par un nouveau Journal dédié au Roi, où il mit son nom, & où il exerça toûjours avec toute la moderation necessaire le pouvoir dont il étoit revêtu.

M. Colbert touché de l'utilité & de la beauté du Journal prit du goût pour cet Ouvrage, & bientôt aprés pour l'Auteur. En 1668 il lui donna dans cette Academie presque encore naissante une place avec la fonction de Secretaire en l'absence de feu M. du Hamel, qui fut 2 ans hors du Royaume. M. l'Abbé Gallois enrichissoit son Journal dés principales découvertes de l'Academie, qui ne se faisoient guere alors connoître du Public que par cette voïe, & de plus, il en rendoit souvent compte à M. Colbert, & lui portoit les fruits de la protection qu'il accordoit aux Sciences. Dans la suite ce Ministre, toûjours plus content de sa conversation, l'envoyoit querir lorsqu'il venoit à Paris; sa curiosité sur quelque matiere que ce fût le trouvoit toûjours prêt à la satisfaire, & s'il falloit une discussion plus exacte & plus profonde, personne n'étoit plus propre que M. l'Abbé Gallois à y réüssir en peu de temps, circonstance presque absolument necessaire auprés de M. Colbert. Enfin ce Ministre, qui se connoissoit en Hommes, aprés avoir éprouvé long-temps & l'esprit & la litterature & les mœurs de M. l'Abbé Gallois, le prit chés lui en 1673, & lui donna toûjours une place & à sa Table, & dans son Carrosse. Cette faveur si particuliere étoit en même temps, &

une récompense glorieuse de son sçavoir, & une occasion perpetuelle d'en faire un usage agreable, & une heureuse necessité d'en acquerir encore tous les jours.

M. Colbert favorisoit les Lettres, porté non-seulement par son inclination naturelle, mais par une sage Politique. Il sçavoit que les Sciences & les Arts suffiroient seuls pour rendre un Regne glorieux, qu'ils étendent la langue d'une Nation peut-être plus que des Conquêtes, qu'ils lui donnent l'Empire de l'Esprit & de l'Industrie, également flateur & utile, qu'ils attirent chés elle une multitude d'Etrangers, qui l'enrichissent par leur curiosité, prennent ses inclinations, & s'attachent à ses interests. Pendant plusieurs Siécles, l'Université de Paris n'a pas moins contribué à la grandeur de la Capitale que le séjour des Rois. On doit à M. Colbert l'éclat où furent les Lettres, la naissance de cette Academie, de celle des Inscriptions, des Academies de Peinture, de Sculture, & d'Architecture, les nouvelles faveurs que l'Academie Françoise reçût du Roi, l'impression d'un grand nombre d'excellens Livres dont l'Imprimerie Royale fit les frais, l'augmentation presque immense de la Bibliotheque du Roi, ou plûtôt du Trésor public des Sçavans, une infinité d'Ouvrages que les grands Auteurs ou les habiles Ouvriers n'accordent qu'aux caresses des Ministres & des Princes, un goût du Beau & de l'Exquis répandu par tout, & qui se fortifioit sans cesse. M. l'Abbé Gallois eut le sensible plaisir d'observer de prés un semblable Ministere, d'être à la ſource des deſ- ſeins qui s'y prenoient, d'avoir part à leur execution, quelque- fois même d'en inſpirer, & de les voir ſuivis. Les gens de Lettres avoient en lui auprés du Miniſtre un Agent toûjours chargé de leurs affaires, ſans que le plus ſouvent ils euſſent eu ſeulement la peine de l'en charger. Si quelque Livre nouveau, ou quelque découverte, d'Auteurs même qu'il ne connût pas, paroiſſoient au jour avec ré- putation, il avoit ſoin d'en inſ- truire M. Colbert, & ordinai- rement la récompenſe n'étoit pas loin. Les liberalités du Roi s'é- tendoient juſque ſur le Merite étranger, & alloient quelquefois chercher dans le fond du Nord un Sçavant ſurpris d'être connu.

En 1673 M. l'Abbé Gallois fut reçû dans l'Academie Françoiſe.

Quoique l'Eloquence ou la Poësie soient les principaux talens qu'elle demande, elle admet aussi l'Erudition qui n'est pas barbare, & peut être ne lui manque-t il que de se parer davantage de l'usage qu'elle en fait, & même du besoin qu'elle en a. M. l'Abbé Gallois quitta le Journal en 1674, & le remit en d'autres mains. Il étoit trop occupé auprés de M. Colbert, & d'ailleurs ce travail étoit trop assujettissant pour un Genie naturellement aussi libre que le sien. Il ne résistoit pas aux charmes d'une nouvelle lecture qui l'appelloit, d'une curiosité soudaine qui le saisissoit, & la regularité qu'éxige un Journal leur étoit sacrifiée.

Les Lettres perdirent M. Colbert en 1683. M. l'Abbé Gallois avoit ajoûté à la gloire de leur avoir fait beaucoup de bien, celle de n'avoir presque rien fait pour lui-même. Il n'avoit qu'une modique pension de l'Academie des Sciences, & une Abbaye si mediocre qu'il fut obligé de s'en défaire dans la suite. Feu M. le Marquis de Seignelai lui donna la place de Garde de la Bibliotheque du Roi dont il disposoit, mais la Bibliotheque étant sortie de ses mains, il récompensa M. l'Abbé Gallois par une place de Professeur en Grec au College Royal, & par une pension particuliere qu'il lui obtint du Roi sur les fonds de ce College, attachée à une espece d'inspection generale. M. de Seignelai ne crut pas que son Pere se fût suffisamment acquité, & puisqu'on n'en sçauroit accuser le peu de goût de M. Colbert pour les Lettres, il en faut loüer l'extrême moderation de M. l'Abbé Gallois.

Lorsque sous le Ministere de M. de Pontchartrain, aujourd'hui Chancelier de France, l'Academie des Sciences commença par les soins de M. l'Abbé Bignon à sortir d'une espece de langueur où elle étoit tombée, ce fut M. l'Abbé Gallois qui mit en ordre les Memoires qui parurent de cette Academie en 1692 & 93, & qui eut le soin d'en épurer le stile. Mais la grande varieté de ses études interrompit quelquefois ce travail qui avoit des temps prescrits, & le fit enfin cesser. L'Academie ayant pris une nouvelle forme en 1699, il y remplit une place de Geometre, & entreprit de travailler sur la Geometrie des Anciens, & principalement sur le Recüeil de Pappus, dont il vouloit imprimer le texte Grec qui ne l'a jamais été, & corriger la traduction Latine, fort défectueuse. Rien n'étoit plus convenable à ses inclinations, & à ses talens qu'un projet qui demandoit de l'amour pour l'Antiquité, une profonde intelligence du Grec, la connoissance des Mathematiques, & il est fâcheux pour les Lettres que ce n'ait été qu'un projet. Une des plus agréables Histoires, & sans doute la plus philosophique, est celle des progrés de l'Esprit humain.

Le même goût de l'Antiquité qui avoit porté M. l'Abbé Gallois à cette entreprise, ce goût si difficile à contenir dans de justes bornes, le rendit peu favorable à la Geometrie de l'Infini, embrassée par tous les Modernes. On ne peut même dissimuler, puisque nos Histoires l'ont dit, qu'il l'attaqua ouvertement. En general il n'étoit pas ami du Nouveau, & de plus, il s'élevoit par une espece d'Ostracisme contre tout ce qui étoit trop éclatant dans un Etat libre, tel que celui des Lettres. La Geometrie de l'Infini avoit ces deux défauts, sur tout le dernier, car au fond elle n'est pas tout à fait si nouvelle, & les partisans zelés de l'Antiquité, s'il en est encore à cet égard, trouveroient bien mieux leur compte à soûtenir que les anciens Geometres en ont connu & mis en œuvre les premiers fondemens, qu'à la combattre, parcequ'elle leur étoit inconnuë.

Comme toutes les objections faites contre les Infiniment petits avoient été suivies d'une solution démonstrative, M. l'Abbé Gallois commençoit à en proposer sous la forme d'Eclaircissemens qu'il demandoit, & peut-être les differentes ressources que l'esprit peut fournir n'auroient-elles pas été si-tôt épuisées ; mais d'une santé parfaite & vigoureuse dont il joüissoit, il tomba tout d'un coup au commencement de cette année dans une maladie dont il mourut le 19 Avril.

Il étoit d'un temperament vif, agissant, & fort gai ; l'esprit courageux, prompt à imaginer ce qui lui étoit necessaire, fertile en expediens, capable d'aller loin par des engagemens d'honneur. Il n'avoit d'autre occupation que les Livres, ni d'autre divertissement que d'en acheter. Il avoit mis ensemble plus de 12000 Volumes, & en augmentoit encore le nombre tous les jours. Si une aussi nombreuse Bibliotheque peut être necessaire, elle l'étoit à un Homme d'une aussi vaste Litterature, & dont la curiosité se portoit à mille objets differens, & vouloit se contenter sur le champ. Ses mœurs, & sur tout son desinterressement, ont paru dans toute sa conduite auprés de M. Colbert. La charité Chrétienne donnoit à son desinteressement naturel la derniere perfection; il ne s'étoit réservé sur l'Abbaye de S. Martin de Cores qu'il avoit possedée qu'une pension de 600 livres, & il les laissoit à son Successeur pour être distribuées aux Pauvres du Païs.

CATALOGUE

des Ouvrages de Monsieur l'Abbé' Gallois.

TRaduction Latine du Traité de Paix des Pirenées.

Journal des Sçavans. Années 1666. 67. 68. 69. 70. 71. 72.

ELOGE

DE MONSIEUR DODART.

DENIS DODART, Conseiller-Medecin du Roi, & de S. A. S. Madame la Princesse de Conty la Doüairiere, & de S. A. S. Monseigneur le Prince de Conty, Docteur Regent en la Faculté de Medecine de Paris, nâquit en 1634 de Jean Dodart, Bourgeois de Paris, & de Marie du Bois, fille d'un Avocat. Jean Dodart, quoique sans Lettres, avoit beaucoup d'esprit, &, ce qui est préférable, un bon esprit. Il s'étoit fait même un Cabinet de Livres, & ſçavoit aſſés pour un homme qui ne pouvoit guere ſçavoir. Marie du Bois étoit une femme aimable par un caractere fort doux, & par un cœur fort élevé au deſſus de ſa fortune. Nous ne faiſons ici ce petit portrait du Pere & de la Mere, qu'à cauſe du rapport qu'il peut avoir à celui du Fils. Il eſt juſte de leur tenir compte de la part qu'ils ont euë à ſon merite naturel, & d'en faire honneur à leur memoire.

Ils ne ſe contenterent pas de faire apprendre à leur fils le Latin & le Grec, ils y joignirent le Deſſein, la Muſique, les Inſtrumens, qui n'entrent que dans les éducations les plus ſomptueuſes, & qu'on ne regarde que trop comme des ſuperfluités agréables. Il réüſſit à tout de maniere à donner les plus grandes eſperances,

& il eut achevé ſes études de ſi bonne heure, qu'il eut le temps de s'appliquer également au Droit & à la Medecine, pour ſe déterminer mieux ſur la profeſſion qu'il embraſſeroit. Il eſt peut-être le ſeul qui ait voulu choiſir avec tant de connoiſſance de cauſe; il eſt vrai qu'il ſatisfaiſoit auſſi ſon extrême avidité de ſçavoir.

Il prit enfin parti pour la Medecine; ſon inclination naturelle l'y portoit, mais ce qui le détermina le plus puiſſamment, c'eſt qu'il n'y vit aucun danger pour la juſtice, & une infinité d'occaſions pour la charité; car il étoit touché dés-lors de ces mêmes ſentimens de Religion, dans leſquels il a fini ſa vie.

On imagine aiſément avec quelle ardeur & quelle perſeverance s'attache à une étude un homme d'esprit, dont elle est le plus grand plaisir, & un homme de bien, dont elle est devenuë le devoir essentiel. Il se distingua fort sur les bancs des Ecoles de Medecine, & il nous en reste des témoignages autentiques, aussi-bien que du caractere dont il étoit dans sa plus grande jeunesse. Guy Patin parle ainsi dans sa 186me Lettre de l'Edition de 1692. *Ce jourd'hui 5 Juillet* (1660) *nous avons fait la Licence de nos vieux Bacheliers, ils sont 7 en nombre, dont celui qui est le second, nommé Dodart, âgé de 25 ans, est un des plus sages & des plus sçavans hommes de ce Siécle. Ce jeune homme est un prodige de sagesse & de science,* monstrum sine vitio, *comme disoit* Adr. Turnebus de Josepho Scaligero. Il dit ensuite dans sa Lettre 190. *Nôtre Licentié qui est se ſçavant, s'appelle Dodart. Il eſt fils d'un Bourgeois de Paris, fort honnête homme. C'eſt un grand garçon, fort ſage, fort modeſte, qui ſçait Hipocrate, Galien, Ariſtote, Ciceron, Seneque, & Fernel par cœur. C'eſt un garçon incomparable, qui n'a pas encore 26 ans, car la Faculté lui fit grace au premier Examen de quelques mois qui lui manquoient pour ſon âge, ſur la bonne opinion qu'on avoit de lui dés auparavant.* Toutes les circonſtances du témoignage de M. Patin ſont aſſés dignes d'attention. Il étoit Medecin, fort ſçavant, paſſionné pour la gloire de la Medecine, il écrivoit à un de ſes Amis avec une liberté non-ſeulement entiere, mais quelquefois exceſſive, les éloges ne ſont pas fort communs dans ſes Lettres, & ce qui y domine c'eſt une bile de Philoſophe tres-indépendant, il n'avoit avec M. Dodart nulle liaiſon ni de parenté ni d'amitié, & n'y prenoit aucun intereſt, il n'a remarqué aucun autre des jeunes Etudians, enfin il ne ſe donne pas pour devot, & un air de devotion qui n'étoit pas un démerite à ſes yeux, devoit être bien ſincere, & même bien aimable. Si l'amour propre étoit un peu plus délicat, on ne compteroit pour loüanges que celles qui auroient de pareils aſſaiſonnemens. M. Patin dans ſes Lettres 207, 208, 219, continuë à rendre compte à ſon Ami de ce que fait M. Dodart. Tantôt il l'appelle *nôtre Licentié ſi ſage & ſi ſçavant*, tantôt *nôtre ſçavant jeune Docteur.* Il ne le perdoit point de vûë, toûjours pouſſé par une ſimple curioſité d'autant plus flateuſe, qu'elle étoit indifferente.

Les suffrages naturellement les plus opposés se réünissoient sur M. Dodart. Le P. Deschamps d'une Societé fort peu aimée de M. Patin, ayant un jour entendu par hazard le jeune Docteur dans une leçon aux Ecoles de Medecine, fut si touché de sa belle Latinité, que sur le rapport qu'il en fit à M. le Comte de Brienne, alors Secretaire d'Etat pour les affaires étrangeres, ce Ministre commença à penser à lui, & s'en étant informé d'ailleurs, il eut une extrême envie de se l'attacher en qualité de son premier Commis. Les commencemens de ceux qui n'ont pour eux que leur merite sont assés obscurs, & assés lents, & l'établissement de M. Dodart étoit alors fort mediocre, cependant ni une fortune considerable qui venoit s'offrir d'elle-même, ni l'éclat séduisant d'un emploi de Cour, ne purent le faire renoncer à son premier choix. Sa fermeté étoit soûtenuë par des principes plus élevés qui lui persuadoient que le Ciel l'avoit placé où il étoit. M. de Brienne, pour l'engager insensiblement, exigea qu'il lui fît du moins quelques Lettres plus importantes, & plus secrettes, il eut cette déference, mais il se défendit d'un piége que tout autre n'auroit pas attendu.

Sa constance pour sa profession fut récompensée. Il vint assés promptement à être connu, & Me la Duchesse de Longueville le prit pour son Medecin. Elle étoit alors dans cette grande pieté, où elle a fini ses jours, & l'on sçait que dans l'un & l'autre temps de sa vie elle a fait un cas infini de l'esprit, non-pas seulement de cet esprit qui rend un homme habile dans un certain genre, & qui y est attaché, mais principalement de celui qu'on peut porter par tout avec soi. Elle y étoit trop accoûtumée pour s'en pouvoir passer, & toute autre langue lui eût été trop étrangere. Un bon Medecin, mais qui n'eût eu, ni cette sorte d'esprit, ni beaucoup de pieté, n'eût été guere de son goût. Bien-tôt elle honora M. Dodart de sa confiance, j'entens de celle que l'on a pour un Ami. La grande inégalité des conditions ne lui en retrancha que le titre.

Feuë Me la Princesse de Conty Doüairiere, Mere de Mgrs les Princes de Conty & de la Roche-sur-Yon, voulut partager M. Dodart, avec Me de Longueville, &

& en lui donnant chés elle la même qualité, elle lui donna ce qui en étoit inséparable à son égard, la même confiance, & les mêmes agrémens. Mais ce qui est encore, à le bien considerer, plus glorieux pour lui que les bontés mêmes de ces deux grandes & vertueuses Princesses, il eut l'amitié de tous ceux qui étoient à elles. Il n'est pas besoin de connoître beaucoup les Maisons des Grands, pour sçavoir que d'y être bien avec tout le monde, c'est un chef-d'œuvre de conduite & de sagesse, & souvent d'autant plus difficile, que l'on a d'ailleurs de plus grandes qualités. Le grand secret pour y réussir, est celui qu'il pratiquoit, il obligeoit autant qu'il lui étoit possible, & ne ménageoit point sa faveur dans les affaires d'autrui.

Avoir besoin de son credit, c'étoit être en droit de l'emploïer. Heureusement pour un grand nombre de gens de merite, les deux postes qu'il occupoit le firent connoître de plusieurs autres personnes du premier rang, ou de la premiere dignité. J'oserai dire que malgré leur élevation ils avoient pour lui cette sorte de respect, qui n'a point été établi par les Hommes, & dont la Nature s'est réservé le droit de disposer en faveur de la Vertu.

Aprés la mort de M[e] la Princesse de Conty, il demeura attaché aux deux Princes ses Enfans, & aprés la mort de l'Aîné, à M[e] la Princesse de Conty sa Veuve, & à Mg[r] le Prince de Conty. Rien n'est au dessus du zele, de la fidelité, du desinteressement qu'il a apportés à leur service, mais on ne peut dire ſi de pareils Maî-tres n'ont pas encore rendu en lui ces qualités plus parfaites, qu'elles ne l'étoient naturellement. Il a eu le bonheur de réüſſir auprés de la Princeſſe dans des maladies dangereuſes qu'elle a euës, & celui de plaire à M. le Prince de Conty par les charmes ſolides de ſa converſation. On ſçait combien ce grand Prince eſt un grand Homme, & un excellent Juge des Hommes.

En 1673 M. Dodart entra dans l'Academie des Sciences par le moïen de Mrs Perraut. Ils avoient beaucoup de credit auprés de M. Colbert, & en faiſoient un uſage aſſés extraordinaire ; ils s'en ſervoient à faire connoître au Miniſtre ceux qui avoient de grands talens auſſi bien qu'eux, & à leur attirer ſes graces.

L'Academie avoit déja entrepris l'Hiſtoire des Plantes, Ouvrage d'une vaſte étenduë, & M. Dodart s'attacha à ce travail. Au bout de 3 ans, c'eſt à dire en 1676, il mit à la tête d'un Volume que l'Academie imprima ſous le titre de *Memoires pour ſervir à l'Hiſtoire des Plantes*, une Préface où il rendoit compte & du deſſein & de ce qu'on en avoit executé juſque-là. Nous n'avons point de lui un ſi grand morceau imprimé, & par bonheur la matiere lui a donné lieu d'y peindre parfaitement ſon caractere. Il s'agiſſoit d'une longue recherche, & d'une ſubtile diſcuſſion, & il poſſedoit au ſouverain degré l'eſprit de diſcuſſion & de recherche. Il ſçavoit de quel côté, ou plutôt de combien de côtés differens il falloit porter ſa vûë, & pointer, pour ainſi dire, la Lunette. Tout le monde ne ſçait pas voir, on prend pour l'objet entier la premiere face que le hazard nous en a preſentée, mais M. Dodart avoit la patience de chercher toutes les autres, & l'art de les découvrir, ou du moins la précaution de ſoupçonner celles qu'il ne découvroit pas encore. Ce ne ſont pas ſeulement les grands objets qui en ont pluſieurs, ce ſont auſſi les plus petits, & une grande attention eſt une eſpece de Microſcope qui les groſſit. Il eſt vrai que cette attention ſcrupuleuſe, qui ne croit jamais avoir aſſés bien vû, que ce ſoin de tourner un objet de tous les ſens, en un mot que l'eſprit de diſcuſſion eſt aſſés contraire à celui de déciſion, mais l'Academie doit plus examiner que décider, ſuivre attentivement la Nature par des obſervations exactes, & non-pas la prévenir par des jugemens précipités. Rien ne ſied mieux à nôtre Raiſon que des concluſions un peu timides, & même quand elle a le droit de décider, elle feroit bien d'en relâcher quelque choſe. On peut prendre la Préface que nous venons de citer pour un modele d'une Theorie embraſſée dans toute ſon étenduë, ſuivie juſque dans ſes moindres dépendances, tres-finement diſcutée, & aſſaiſonnée de la plus aimable modeſtie.

Il n'étoit pas poſſible que M. Dodart ne portât dans l'exercice de ſa profeſſion ce même eſprit, fortifié encore par ſon extrême délicateſſe de conſcience. Un Malade n'avoit à craindre ni ſon inapplication, ni même une application legere & ſuperficielle, mais ſeulement, car il faut tout dire, ſa trop grande application, qui pouvoit le rendre irréſolu ſur le choix d'un parti. La pratique n'admet pas toûjours les ſages lenteurs de la ſpeculation, & quelquefois la Raiſon elle-même ordonne qu'on agiſſe ſans l'attendre.

L'Hiſtoire des Plantes étoit le principal travail de M. Dodart dans l'Academie, mais non-pas le ſeul. Il s'attacha beaucoup à étudier la Tranſpiration inſenſible du Corps humain. Tous les Phyſiciens & les Medecins en avoient toûjours eu une idée, mais ſi generale & ſi vague, que tout ce qu'ils en ſçavoient proprement étoit qu'il y a une Tranſpiration. L'illuſtre Sanctorius, Medecin de Padouë, eſt le premier qui ait ſçû la réduire au calcul par des experiences, & en comparer la quantité à celle des déjections grossieres. Elle va beaucoup au-delà de ce qu'on eût jamais imaginé, il peut sortir du Corps en un jour, selon Sanctorius, 7 ou 8 liv. de matiere par la Transpiration, & comme il n'est pas possible qu'une si abondante évacuation ne soit fort importante, plusieurs habiles Medecins la regardent comme un des principaux fondemens, & de leur Theorie & de leur Pratique. Mais parceque Sanctorius a eu le premier de si belles vûës, il ne les a pas poussées à leur perfection. Par exemple, quoiqu'il ait conçû en general que la Transpiration devoit être differente selon les âges, il ne paroît avoir eu égard à cette difference, ni dans ses observations, ni dans les consequences qu'il qu'il en tire, & M. Dodart s'assura par des experiences continuées durant 33 ans que l'on transpire beaucoup plus dans la jeunesse ; en effet il est fort naturel, & que la chaleur du sang, plus foible à mesure que l'on vieillit, pousse au dehors moins de particules subtiles, & qu'en même temps les pores de la peau se resserrent. M. Dodart étoit particulierement propre à faire ces sortes d'experiences, parcequ'il faut les faire sur soi-même, & mener une vie égale & uniforme, tant d'un jour à l'autre, que dans les differens âges ; autrement on ne pourroit comparer sans beaucoup d'erreur ou d'incertitude les Transpirations de differens temps. Une alternative irréguliere d'intemperance & de sobrieté broüilleroit tout.

Il fit sur ce même sujet une autre experience, pour laquelle l'uniformité de vie n'eût pas été suffisante, il falloit encore, ce qui semblera peut-être surprenant, une grande pieté. Il trouva le premier jour de Carême 1677 qu'il pesoit 116 liv. 1 once. Il fit ensuite le Carême comme il a été fait dans l'Eglise jusqu'au 12me Siécle, il ne beuvoit ni ne mangeoit que sur les 6 ou 7 heures du soir, il vivoit de Legumes la plûpart du temps, & sur la fin du Carême de pain & d'eau. Le Samedi de Pâques il ne pesoit plus que 107 liv. 12 onc. c'est à dire que par une vie si austere il avoit perdu en 46 jours 8 liv. 5 onc. qui faisoient la 14me partie de sa substance. Il reprit sa vie ordinaire, & au bout de 4 jours il avoit regagné 4 liv. ce qui marque qu'en 8 ou 9 jours il auroit repris ſon premier poids, & qu'on répare facilement ce que le jeûne a diſſipé. En donnant cette experience à l'Academie, il prit toutes les précautions poſſibles pour ſe cacher, mais il fut découvert. Il eſt aſſés rare, non qu'un Philoſophe ſoit un bon Chrétien, mais que la même action ſoit une obſervation curieuſe de Philoſophie, & une auſterité Chrétienne, & ſerve en même temps pour l'Academie & pour le Ciel.

Il avoit fait de pareilles obſervations ſur la ſaignée, que 16 onces de ſang, par exemple, ſe réparoient en moins de 5 jours dans un ſujet qui n'étoit nullement affoibli ; il reſte à ſçavoir en combien de temps ſe feroit cette réparation dans un Malade, & il eſt clair que de pareils principes décideroient la grande queſtion de l'utilité ou du danger de la ſaignée, & regleroient les ménagemens qu'il y faut apporter. Mais il s'en falloit bien que M. Dodart lui-même, malgré le longtemps qu'il avoit donné à ces ſortes d'experiences, en eût encore fait aſſés. Il paroît par ce que j'en ai pû recueillir qu'ordinairement le fort de la Tranſpiration eſt dans les premieres heures qui ſuivent un bon repas, quoique Sanctorius le mette à peu prés vers le milieu de l'intervalle de deux repas. Toute cette matiere eſt encore pleine d'incertitude, & ſi l'on peſe bien la difficulté de raſſembler autant de faits qu'il en faudroit ſelon les differens âges, les temperamens, les climats, les ſaiſons, &c. elle eſt ſi grande, que c'eſt preſque un sujet de desespoir pour les Physiciens.

M. Dodart avoit eu la pensée de faire une Histoire de la Medecine. M. le Clerc Medecin de Geneve, frere de l'illustre M. le Clerc de Hollande, a dignement executé ce grand dessein, & il dit dans sa Préface qu'il avoit appris qu'il s'étoit rencontré dans cette entreprise avec le *sçavant* M. Dodart. On a trouvé dans ses papiers plusieurs Memoires qui y avoient rapport, par exemple, sur la Diéte des Anciens, sur leur Boisson & leur Prisane. Les recherches de la Transpiration y devoient entrer aussi.

Il pensoit encore à une Histoire de la Musique ancienne & moderne, & ce qui a paru de lui dans les Memoires de cette Academie sur la formation de la

Voix, en étoit un Préliminaire. C'est peut-être affliger le Public que de lui annoncer ces differens Projets, demeurés sans execution entre des mains si sçavantes, mais il n'y a point d'habile homme qui ne lui ait donné les mêmes sujets de déplaisir ; le genie & le sçavoir fournissent plus de desseins, & inspirent même un courage plus entreprenant, que ne comporte à la rigueur la condition humaine, & peut-être ne feroit-on pas tout ce qu'on peut, sans l'esperance de faire plus qu'on ne pourra.

Toutes ces entreprises commencées, & qui ne prenoient rien sur les devoirs, marquent assés combien M. 'Dodart étoit laborieux. Ses plaisirs & ses amusemens étoient des travaux moins penibles, tels que de simples lectures, mais toûjours instructives & solides. Il lisoit beaucoup sur les matieres de Religion, car sa pieté étoit éclairée, & il accompagnoit de toutes les lumieres de la Raison la respectable obscurité de la Foi.

Il étoit le Medecin d'un aussi grand nombre de Pauvres, & peut-être même d'un plus grand nombre qu'il ne le pouvoit être de la maniere dont il l'étoit. Il ne les guerissoit pas seulement, il les nourrissoit; aussi avoit-il été obligé d'associer à ses entreprises de charité plusieurs personnes de consideration, & d'aller mandier lui-même du secours pour être plus état d'en donner.

Agé de prés de 73 ans, aprés de longues douleurs de Nephretique dont on ne s'appercevoit presque point, il crut avoir la

Pierre, & se résolut sans peine à l'operation. Me la Princesse de Conty fit tout ce qu'il eût fallu faire pour calmer l'esprit le plus agité & le plus inquiet, & le fit avec d'autant plus de generosité que les dispositions du Malade l'y obligeoient moins. Elle l'assura que M. Dodart son fils rempliroit sa place auprés d'elle, & qu'elle donneroit à Melle Dodart sa fille une pension qui suppléroit à la modicité du bien qu'il lui laissoit. Il n'avoit que ces deux Enfans tous deux d'un premier lit.

On reconnut ensuite qu'il n'avoit point la Pierre. Il étoit destiné à perdre la vie de la maniere du monde la plus heureuse, par une action de charité. Un jour il s'exceda de fatigue pour des Pauvres qu'il traitoit, prit beaucoup de froid, & revint chés lui à jeun à 5 heures du soir. La fiévre qui se déclara aussi-tôt, & une fluxion de poitrine l'emporterent en 10 jours. Il mourut le 5 Novembre 1707, 7 jours avant nôtre Assemblée publique de la S. Martin, circonstance favorable à l'honneur de sa memoire, car comme je ne me sentis pas capable de faire son Eloge en si peu de temps, M. l'Abbé Bignon le fit presque sans préparation, tel que son cœur le lui dicta, & M. Dodart est jusqu'ici le seul qui ait eu cet avantage.

Tant que sa maladie dura, M[e] la Princesse de Conty envoyoit à chaque moment sçavoir de ses nouvelles; dés qu'il fut mort, elle executa tout ce qu'elle avoit promis. On pourroit croire que tout cela n'est parti que de la bonté generale de cette Princesse, ou d'une certaine generosité indifferente, mais des larmes ne peuvent venir que du fond du cœur, quand aucune bienséance ne les demande, & qu'au contraire l'extrême inégalité des personnes semble s'y opposer. A l'éloquence naturelle qu'elles ont pour faire un Eloge, se joint le prix que leur donnent les yeux qui les ont versées.

M. Dodart étoit né d'un caractere serieux, & l'attention Chrétienne avec laquelle il veilloit perpetuellement sur lui-même n'étoit pas propre à l'en faire sortir; mais ce serieux, loin d'avoir rien d'austere ni de sombre, laissoit paroître assés à découvert un fond de cette joïe sage & durable, qui est le fruit d'une raison épurée, & d'une conscience tranquille. Cette disposition ne produit pas les emportemens de la gaïeté, mais une douceur égale, qui cependant peut devenir gaïeté pour quelques momens, & par une espece de surprise, & de tout cela ensemble se forme un air de dignité qui n'appartient qu'à la vertu, & que les dignités même ne donnent point. Encore une chose, qui, quoiqu'infiniment moins considerable, sied bien, & que M. Dodart avoit parfaitement, c'est la noblesse de l'expression. Outre qu'elle tient je ne sçai quoi de celle des mœurs, elle fait foi que l'on a vêcu dans un monde choisi, car ce n'est que là qu'elle se prend, ou se perfectionne. Il avoit de plus une grande facilité naturelle de parler, à laquelle il joignoit le rare merite de n'en abuser jamais, & il s'étoit fait un stile, qui sans être affecté, n'étoit cependant qu'à lui.

Il possedoit souverainement les qualités d'Academicien, c'est à dire d'un Homme d'esprit, qui doit vivre avec ses pareils, profiter de leurs lumieres, & leur communiquer les siennes. On n'aime pas tant en ce genre à recevoir qu'à donner, quoiqu'il soit plus difficile de donner comme il faut, que de recevoir. Si l'on a de la peine à faire le personnage d'inferieur, quand on reçoit, on en a encore plus à ne pas faire celui de superieur, quand on donne. M. Dodart entendoit parfaitement tous les deux, il proposoit ses vûës avec une modestie qui faisoit presque en leur faveur l'effet d'une nouvelle preuve, & il entroit dans ce qui étoit proposé par les autres, comme s'il n'eût sçû que ce qu'il apprenoit d'eux en ce moment. Il aimoit à emprunter & à faire valoir leurs idées, & il auroit plûtôt affecté que manqué l'occasion de leur en rendre une espece d'hommage. Il seroit inutile de faire une plus longue peinture de ses mœurs, tout partoit d'un seul principe, un cœur naturellement droit & noble avoit été continuellement cultivé par la Religion.

CATALOGUE des Ouvrages de Monsieur DODART.

MEmoire pour servir à l'Histoire des Plantes. Paris. 1676. De l'Imprimerie Royale in folio avec figures.

——— Seconde Edition. *Paris de l'Imprimerie Royale* 1679. *in* 12°.

PRIVILEGE DU ROY.

LOUIS par la Grace de Dieu Roy de France & de Navarre : A nos amez & feaux Conseillers les Gens tenans nos Cours de Parlement, Maîtres des Requêtes ordinaires de nôtre Hôtel, Grand Conseil, Prevôt de Paris, Baillifs, Senechaux, leurs Lieutenans Civils, & autres nos Justiciers qu'il appartiendra : SALUT. Nôtre Academie Royale des Sciences Nous ayant trés-humblement fait exposer, que depuis qu'il Nous a plû lui donner par un Reglement nouveau de nouvelles marques de nôtre affection, Elle s'est appliquée avec plus de soin à cultiver les Sciences qui font l'objet de ses exercices ; ensorte qu'outre les Ouvrages qu'Elle a déja donnez au public, Elle seroit en état d'en produire encore d'autres, s'il Nous plaisoit lui accorder de nouvelles Lettres de Privilege, attendu que celles que Nous luy avons accordées en datte du 6. Avril 1699. n'ayant point de temps limité, ont été déclarées nulles par un Arrest de nôtre Conseil d'Etat du 13. du mois d'Aoust dernier. Et desirant donner à ladite Academie en corps, & en particulier à chacun de ceux qui la composent, toutes les facilitez & les moyens qui peuvent contribuer à rendre leurs travaux utiles au public ; Nous avons permis & permettons par ces Presentes a ladite Academie, de faire imprimer, vendre & debiter dans tous les lieux de nôtre obéïssance, par tel Imprimeur qu'Elle voudra choisir, en telle forme, marge, caractere, & autant de fois que bon luy semblera : *Toutes les Recherches ou Observations journalieres, & Relations annuelles de tout ce qui aura été fait dans les Assemblées de l'Academie Royale des Sciences* ; comme aussi *les Ouvrages, Memoires ou Traitez de chacun des particuliers qui la composent*, & generalement tout ce que ladite Accademie voudra faire paroître sous son nom, lorsqu'aprés avoir examiné & approuvé lesdits Ouvrages aux termes de l'article XXX. dudit Reglement, elle les jugera dignes d'être imprimez : & ce pendant le tems de dix années consecutives, à compter du jour de la datte desdites Presentes. Faisons trés expresses deffenses à tous Imprimeurs, Libraires, & à toutes sortes de personnes de quelque qualité & condition que ce soit, d'imprimer, faire imprimer en tout ni en partie, aucun des Ouvrages imprimez par l'Imprimeur de ladite Academie ; comme aussi d'en introduire, vendre & debiter d'impression étrangere dans nôtre Royaume sans le consentement par écrit de ladite Academie ou de ses ayans cause, à peine contre chacun des contrevenans de confiscation des Exemplaires contrefaits au profit de sondit Imprimeur, de trois mille livres d'amende, dont un tiers à l'Hôtel-Dieu de Paris, un tiers audit Imprimeur, & l'autre tiers au Dénonciateur, & de tous dépens, dommages & interests : à condition que ces Presentes seront enregistrées tout au long sur le Registre de la Communauté des Imprimeurs Libraires de Paris, & ce dans trois mois de ce jour : Que l'impression de chacun desdits Ouvrages sera faite dans nôtre Royaume & non ailleurs, & ce en bon papier & en beaux caracteres, conformement aux Reglemens de la Librairie ; & qu'avant que de les exposer en vente il en sera mis de chacun deux Exemplaires dans nôtre Bibliotheque publique, un dans celle de nôtre Château du Louvre, & un dans celle de nôtre trés-cher & feal Chevalier Chancelier de France le sieur Phelyppeaux Comte de Pontchartrain Commandeur de nos Ordres, le tout à peine de nullité des *Presentes* ; du contenu desquelles Vous mandons & enjoignons de faire joüir ladite Academie ou ses ayans cause pleinement & paisiblement, sans souffrir qu'il leur soit fait aucun trouble ou empêchemens. Voulons que la copie desdites Presentes qui sera imprimée au commencement ou à la fin desdits *Ouvrages soit* tenuë pour dûëment signifiée, & qu'aux copies collationnées par l'un de nos amez & feaux Conseillers Secretaires foy soit ajoûtée comme à l'original : Commandons au premier nôtre Huissier ou Sergent de faire pour l'execution d'icelles tous actes requis & necessaires sans autre permission, & nonobstant Clameur de Haro,

Chartre Normande & Lettres à ce contraires : CAR tel est nôtre plaisir. DONNE' à Versailles le neuviéme jour de Fevrier, l'an de grace mil sept cens quatre, & de nôtre Regne le soixante & uniéme. Par le Roy en son Conseil, LE COMTE.

L'Academie Royale des Sciences par déliberation du 27. Fevrier 1707. a cedé le present Privilege à JEAN BOUDOT Fils, son Libraire, pour en joüir conformement au Traité fait par l'Academie avec feu le sieur Boudot son pere, le 13. Juillet 1699. En foy de quoy j'ay signé, à Paris ce 27. Fevrier 1707.

FONTENELLE, *Secretaire de l'Academie Royale des Sciences.*

Registré sur le Livre de la Communauté des Libraires & Imprimeurs de Paris, Numero CVI *page* 116. *conformément aux Reglemens, & notamment à l'Arrest du Conseil du* 13. *Aoust dernier. A Paris ce* 13. *Fevrier* 170.

P. EMERY, *Syndic.*

www.ingramcontent.com/pod-product-compliance
Ingram Content Group UK Ltd.
Pitfield, Milton Keynes, MK11 3LW, UK
UKHW021924210726
13857UKWH00008B/358

9 782012 670839